Alain Pelosato

Philip Kindred Dick Des écrits et des films

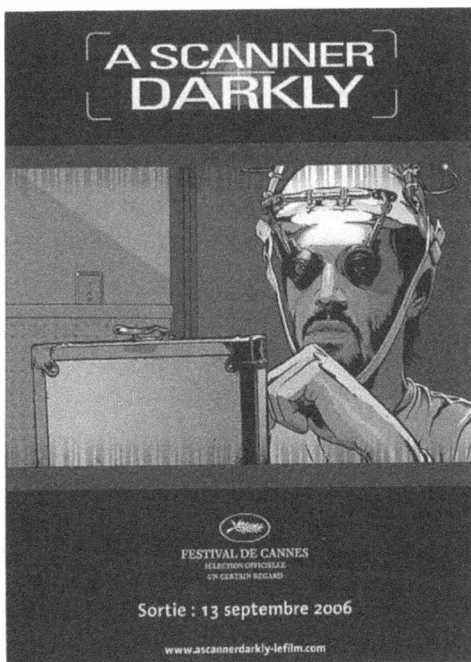

1

Table des matières

sfm éditions
ISBN 978-2-915512-24-3
9782915512243
Dépôt légal octobre 2018

PHILIP K. DICK
L'homme qui
changea le futur

Anthony Peake

Préface de Bernard Werber

Hugo Doc

Le cinéma et Philip K. Dick : une longue histoire d'amour

Oui... Une histoire d'amour qui a commencé avec le film Blade Runner de Ridley Scott (1982). Mais Dick n'a pas pu vivre longtemps cet amour car il est mort le 2 mars 1982 !

La première du film se déroulerait après son décès le 25 juin 1982. Il en avait vu des extraits et était enchanté de l'adaptation de son roman *Les Androïdes rêvent-ils de moutons électriques ?* publié en 1968.

Mais cet amour se poursuivit *post mortem* par la réalisation de nombreux films directement inspirés de ses œuvres et d'un plus grand nombre encore qu'elles ont inspirés de près ou de loin, souvent d'ailleurs à l'insu des scénaristes ou réalisateurs.

C'est tout l'objet de ce livre : en rendre compte au lecteur de manière la plus exhaustive possible et rendre hommage à Philip K. Dick !

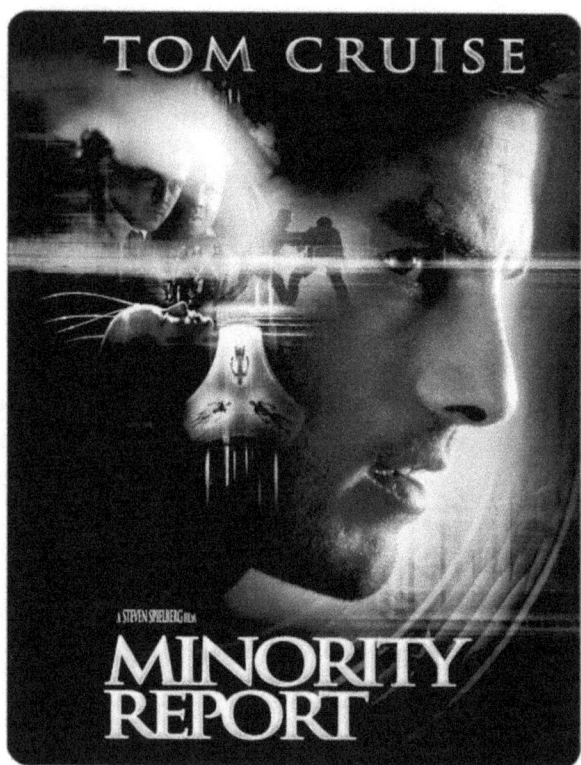

Dick et la physique quantique

« Mon Dieu, ma vie est identique à l'intrigue de dizaines de romans ou nouvelles que j'ai pu écrire. Et ce jusque dans les moindres détails, comme les faux souvenirs ou les fausses identités.
Je suis le protagoniste d'un livre de Philip K. Dick »[1]
Philip K. Dick

Je reprends certains concepts de la physique quantique, et j'utilise pour cela l'ouvrage de *Jean Staune - Explorateurs de l'invisible – Guy Trédaniel éditeur*, dont le titre est parfaitement dickien !

Il reprend dès le début de son livre la métaphore de *la caverne de Platon* : nous sommes, nous les humains, comme l'homme primitif au fond de la caverne qui tourne le dos à l'entrée et voit les ombres venues de l'extérieur et qui prend ces ombres pour la réalité.

« Tout ce que nous voyons autour de nous n'est que la projection de ce qui existe réellement. »

Mais comment pourrait-on connaître « ce qui existe réellement » ? Là est toute la question !

Passons donc ainsi à la physique quantique. Le monde microscopique que décrit la physique quantique n'obéit pas aux mêmes lois que

---

[1] Citation mise en exergue dans le livre « Philip K. Dick, l'homme qui changea le futur ».

celles de notre monde à nous, le « macro monde », si je puis dire.

Prenons quelques exemples, car, mon but ici n'est pas de présenter un traité complet de physique quantique.
La dualité onde-corpuscule.
Une particule élémentaire, en fonction de la manière dont on l'observe, est soit une onde, soit un corpuscule. La question est que l'observateur (nous) joue sur ce qu'elle est : si elle est onde, il suffit qu'on l'observe pour qu'elle devienne particule…
Une onde se propage en cercles concentriques sur la surface de l'eau quand vous jetez une pierre dans l'eau. L'onde d'une particule c'est comme ça, mais en trois dimensions… Elle est donc sphérique, et ce qu'on appelle la réduction du paquet d'onde, c'est le fait que quand on l'observe, elle passe d'un état « global », c'est-à-dire étendue sur un grand espace, à l'état d'une particule localisée. Ce phénomène se produit constamment autour de nous. De fait, la particule est les deux à la fois, onde et particule, elle ne devient particule que lorsqu'on l'observe ! C'est la première fois dans l'histoire des sciences (et de la philosophie) que le fait d'observer quelque chose le change fondamentalement, ou plutôt, l'oblige à « choisir » ce qu'elle est.

De cela, le physicien quantique Heisenberg a déduit son principe d'incertitude : on ne peut pas à la fois connaître la position d'une particule et sa vitesse, par exemple. Si l'on mesure l'une, on ne peut pas connaître l'autre.

D'où la non-localité de la particule ! Deux particules jumelles, par exemple deux photons issus du même atome sont « intriqués » en dehors de l'espace et du temps, et, quelle que soit la distance qui les sépare, quand l'un est modifié (par exemple on modifie sa polarisation) l'autre se modifie exactement comme le premier.

Etc.

Donc la physique quantique est, dit-on, d'une *objectivité faible*. « On est obligé, pour en exprimer le fondement, d'écrire des phrases comme "on a fait ceci et on a observé cela" ». On ne peut pas dire : « c'est comme ci, c'est comme cela… »
Cela c'est profondément dickien, l'objectivité faible !

Je m'arrête ici ! D'autres développements peuvent être faits, mais je ne veux pas être trop long.
On s'aperçoit alors à quel point ce nouveau système de penser le réel de la physique quantique est proche de la fiction de Dick.

Par exemple la schizophrénie de Dick est comparable à cette dualité onde-corpuscule, Dick est comme la particule élémentaire, à la fois onde et corpuscule ! À la fois ici et ailleurs, mais aussi aux deux endroits à la fois ; il est soit l'un soit l'autre, mais aussi les deux à la fois !

C'est le cas par, exemple dans le roman *Tota Recall*. Le héros est incapable de savoir qui il est !

La non-localité, la réalité hors de l'espace/temps, c'est dans le *Maître du Haut-Château* ou dans *Minority Report*... Mais aussi dans *A Scanner Darkly*, ou dans *Planète Hurlante*...

Dick avait–il une connaissance de la physique quantique ? Je ne sais pas.
En tous les cas, il est vraiment le seul auteur de SF qui a su l'appréhender aussi clairement dans ses œuvres.

Rendez-vous compte par vous-même en lisant ses œuvres.
Et en regardant tous ces films dont j'ai dressé la liste avec leurs chroniques.

Bonnes lectures !

Le « père truqué » de Dick

Le film qui exprime le mieux le thème du ***délire*** est sans conteste *Eraserhead* (1977) de David Lynch, et d'autres films de ce génial réalisateur. De quoi parle ce film ? De la famille, du mariage, du paysage industriel, mais sur un mode de délire absolu, avec notamment, la scène de la fille dans le radiateur. Délire également dans *Twin Peaks* (1992). Nous classerons donc ces films dans la catégorie du fantastique social. C'est un thème cher à P. K. Dick, dont on a, finalement, beaucoup porté les œuvres à l'écran, avec *Confessions d'un Barjo* qui n'est pas un film fantastique, *Blade Runner* (1982), *Total Recall* (1990), *Planète hurlante* (1995), *Impostor* (2001), *Minority Report* (2002) et *Paycheck* (2004). *Total Recall* est un vrai délire puisque le héros ne sait jamais qui il est vraiment, problématique chère à E.T.A. Hoffmann, notamment dans *Princesse Brimbilla*. Dans le film, le héros interprété par Schwarzenegger, vit plusieurs personnalités tout au long de l'histoire pour s'apercevoir que tout cela n'est pas un hasard, mais inscrit dans une stratégie politique bien précise...

Les histoires d'***aberration***, spécialité du grand Lovecraft, sont bien représentées par les films qui ont tenté de reprendre les œuvres de cet écrivain. Par exemple, *Aux Portes de l'au-delà* (1986) de Stuart Gordon, *Prince des ténèbres* (1988) et *L'antre de la folie* (1995) de John Carpenter. Tous trois font appel à

11

des mondes parallèles habités par des monstruosités sans nom. Pourtant, ils ne se classent pas de la même manière. Le film de Stuart Gordon participe à la catégorie du fantastique psychologique, car les expériences du professeur n'impliquent que lui-même, son assistant et la psychiatre, jouets des entités de l'au-delà. Il en est de même de *Prince des ténèbres*, dans lequel il s'agit de faire venir de l'au-delà une entité dévastatrice, celle-ci n'est que la représentation des hantises personnelles et cauchemardesques des individus, même si l'histoire est habillée d'un jargon scientifique. Nous sommes bien près d'une diablerie qui renvoie à la possession de notre conscient par notre inconscient. Les nonnes qui faisaient des rêves érotiques ne se croyaient-elles pas elles-mêmes possédées par le diable ? Par contre, *L'antre de la folie* traite du même thème, mais sur un mode social, car il s'agit de déstabiliser et détruire la société humaine grâce au roman fantastique d'un écrivain inquiétant.

Le thème du ***double*** a été largement utilisé en littérature. Il ne permet pas au cinéma de produire des scènes spectaculaires. Le film qui présente ce sujet de la manière la plus angoissante est sans conteste *L'invasion des profanateurs de sépulture* (1956) de Don Siegel qui a été suivi de deux remakes, l'un du même titre français (1978) de Philip Kaufman, et l'autre, film d'Abel Ferrara (1993) qui a repris le titre anglais de l'œuvre de Jack Finney, *Body Snatchers*, roman qui ressemble d'ailleurs étrangement à une nouvelle de P. K. Dick *Le Père truqué*. Ces doubles de nous-mêmes sont des extraterrestres qui profitent de notre sommeil pour fabriquer la duplication exacte de notre corps et voler notre âme. Il s'agit bien d'un fantastique social puisque ces extraterrestres volent notre corps et notre âme pour occuper la planète et notre société à la place des humains. Stephen King, dans *Pages noires*, rappelle que *« Don Siegel a déclaré que le sujet de son film était en fait la menace rouge. »* Jack Finney s'en est défendu à propos de son roman qui a inspiré le film. *« Je trouve risible qu'on puisse écrire un livre à la seule fin d'affirmer que l'individualisme est chose précieuse, qu'il n'est pas bon pour nous de nous ressembler les uns les autres »*, écrit-il dans une lettre adressée à Stephen King le 24 décembre 1979. Mais, bon Dieu ! de quoi donc a voulu parler Jack Finney dans son bouquin ? Une autre histoire traite bien le thème du double, c'est celle du *Dr Jekyll et Mr Hyde* et, qui se classe aussi parfaitement dans le fantastique psychologique. Tout le monde connaît ce grand classique de Stevenson souvent adapté à l'écran. Le monstre qui est en nous, sauvage, instinctif et vicieux a été mis au jour par la potion magique du Dr Jekyll. Dans d'autres cas, nous nous transformons en d'autres doubles monstrueux comme le loup-garou, et de nombreux films ont traité du sujet, ou en autre animal comme dans *La Féline* (1942) de Jacques Tourneur. Ces histoires sont tirées de légendes issues d'une société médiévale plongée dans une nature hostile constituée de vastes forêts impénétrables peuplées de loups affamés. La situation inverse est traitée avec les adaptations de

L'île du docteur Moreau de H. G. Wells par Erle C. Kenton en 1932, Don Taylor en 1977 et John Frankenheimer en 1997. Il s'agit de faire accéder au statut d'humain des bêtes sauvages grâce à la science. Hélas, chassez le naturel, il revient au galop... Tous les films qui traitent du double renvoient notre être social à notre image intérieure. Et cette image n'est pas vraiment belle... Il y a d'abord le reflet dans le miroir, reflet qui nous appartient, sauf quand nous le vendons au diable, comme *L'étudiant de Prague* l'a fait dans le film de Stellen Rye (1913). L'autonomie que peut prendre notre image dans des circonstances fantastiques a été peu traitée au cinéma. Nous le voyons dans un sketch du film *Frissons d'outre-tombe* (1973) de Kevin Connor, mais aussi dans *Les Frissons de l'angoisse* (1975) de Dario Argento, film qui débute par la vision du reflet de l'assassin dans le miroir par le personnage principal qui croit voir alors l'image d'un des nombreux tableaux du couloir et dans *Phantom of the Paradise* (1974) de Brian de Palma où le reflet de Swan est le diable. *Le Portrait de Dorian Gray* (1944), adapté du roman d'Oscar Wilde par Albert Lewin, reprend l'idée du portrait maudit qui devient effrayant de laideur au fur et à mesure de la débauche de son modèle. Et, lorsque ce dernier détruit le tableau, il se tue en même temps lui-même. Ce thème du tableau a également été traité par Edgar Allan Poe et repris par le chef-d'œuvre du cinéaste Jean Epstein *La Chute de la maison Usher* (1928, sonorisé en 1929), mais ici, le portrait ne transforme pas toute la laideur intérieure du modèle en horreur visuelle, il vampirise toute sa substance vitale. C'est le thème du double vampire, celui qui nous épuise dans sa volonté impitoyable d'être nous-mêmes. Cette idée est reprise par David Cronenberg dans son film *Faux-semblants* (1988), en s'appuyant sur son obsession favorite, l'horreur intérieure exprimée par une terreur proprement viscérale. Ainsi, les deux jumeaux n'auront plus que le choix de la mort pour être enfin éternellement ensemble, ou plutôt l'un et l'autre à la fois. Il y a aussi des doubles qui appellent le modèle dans un passé terrifiant pour lui. C'est le cas dans Le *Masque du démon* (1960) de Mario Bava, où Barbara Steele interprète à la fois une vampire exécutée autrefois par une "vierge de Nuremberg" et la jeune fille, son double vivant à l'époque des événements relatés. À la fin, l'ambiguïté persiste pour le spectateur, car, si la vampire est détruite, n'a-t-elle pas pris la place de la belle jeune fille ? Même terreur de l'éternel retour du mal dans le court roman de Lovecraft *L'affaire Charles Dexter Ward* adapté à l'écran par Roger Corman dans *La Malédiction d'Arkham* (1963) : l'identité, la nature exacte du châtelain maudit reste une question entière à la fin du film. *« Que sommes-nous ? »* semblent interroger ces films terrifiants, de cette terreur intérieure de nos cauchemars... L'écrivain est également obsédé par son double créateur, car sa fiction, sa création semble venir d'un autre que lui-même. Stephen King l'a si bien exprimé dans son roman *La Part des ténèbres* adapté au cinéma par George Romero (1993) : un écrivain de romans d'épouvante voit son double créateur se matérialiser et mettre en actes réels les péripéties terrifiantes de ses fictions. Tous les doubles que nous venons d'entrevoir sont des êtres maléfiques que nous craignons. Dans quelques rares cas, un double apparaît comme satisfaction d'un désir. Ce n'est pas un fantôme venu hanter le personnage, mais réellement un être de chair et de sang, double d'une personne disparue. C'est le cas dans le film *Solaris* (1972) d'Andreï Tarkovski (et son remake de 2001 réalisé par Steven Soderbergh) où un scientifique retrouve, dans une station orbitale d'étude d'une planète vivante constituée d'un unique océan, le double vivant de son épouse morte depuis des années. Il finit par en être terrorisé et essaie de l'exécuter par des moyens barbares, mais n'y parvient jamais... Cette planète, en satisfaisant les désirs cachés des humains, joue le rôle de l'inconscient dans nos rêves. Il s'agit bien là de fantastique psychologique. Le double de *Lost Highway* (1997) de David Lynch est aussi ambigu. Et le réalisateur ne recule pas devant le problème et utilise un procédé difficile, et inverse de celui qui est souvent utilisé dans ce genre d'histoire : deux acteurs différents jouent chacun un des deux doubles... Enfin, il y a les faux doubles, ceux qui se cachent derrière une autre personnalité, comme ceux de *Sueurs froides* ou de *Psychose* (1960) d'Alfred Hitchcock. Doubles trompeurs, faits pour déstabiliser notre perception de la réalité, car, le monde que nous voyons est-il bien réel ?

Le fantastique dans le cinéma de science-fiction

La science-fiction, dont certains films ont déjà été analysés ci-dessus, est, par excellence, le moyen le plus fantastique de traiter des problèmes de société et d'éthique, des questions liées à l'avenir de la civilisation, de l'évolution des sciences et des technologies. Il est curieux de noter ce qu'affirme Stanley Kubrick, interrogé par Michel Ciment, à propos des rapports entre le psychologique et le social : « *L'hypocrisie de l'homme l'aveugle sur sa propre nature et se trouve à l'origine de la plupart des problèmes sociaux. L'idée que la crise de notre société a pour cause les structures sociales plutôt que l'homme lui-même est à mon avis dangereuse. L'homme doit être conscient de sa dualité et de sa propre faiblesse pour éviter les pires problèmes personnels et sociaux.* » Précisons que le thème de cette interview était le film *Shining* (1980) qui traite de fantastique psychologique. Ce n'est pas une raison pour ne pas voir le fantastique social dans des films comme *2001 L'odyssée de l'espace* (1968) et *Dr Folamour* (1963)... Des films comme *Orange mécanique* (1971) de Stanley Kubrick, *1984* (1984) de Michael Radford, adaptation du célèbre roman de George Orwell, *Brazil* (1985) de Terry Gilliam sonnent l'alarme d'une société totalitaire qui guette notre pauvre monde. L'avenir plus lointain est aussi effrayant dans *Zardoz* (1973) de John Boorman, *Soleil vert* (1973) de Richard Fleischer et *Planète hurlante* (1996) de Christian Duguay. Ces films font évidemment partie de la catégorie du fantastique social. D'autres, qui semblent traiter du même type de problèmes, s'attachent plutôt à l'étude intimiste de la psychologie humaine qui s'exprime dans des circonstances particulières comme celles qui suivent l'holocauste nucléaire ne laissant que quelques survivants sur la planète. Celui qui apporte le plus de profondeur dans cette réflexion est le magnifique *Le Monde, la chair et le diable* (1959) de Ronald Mac Dougall. Sur le même thème, mais dans un autre registre, *Le Jour des morts-vivants* (1985) de George A. Romero est terrifiant par l'horreur de la disparition de l'espèce humaine. Notre époque vit à l'époque des mondes virtuels. La fiction rejoint ainsi la réalité. De nombreux films se sont employés à utiliser ce thème pour traiter des problèmes de société, d'inadaptation à la société, comme *Nirvana* (1997) de Gabriele Salvatores, dans lequel, à cause d'un virus informatique, le personnage d'un jeu devient réel, et les personnages du monde matériel sont en quête de leur personnalité et de leur existence même dans une société où la différence entre le virtuel et le réel est difficile à appréhender. **Encore un thème cher à Philip K. Dick...**

Philip K. Dick et la schizophrénie

Un auteur prétend avoir vu Dieu, mais ne peut expliquer ce qu'il a vu.[2]

Dick a habité longtemps à Berkeley dans la région de San Francisco. Berkeley avait la réputation d'une ville " rouge ", dans le sens politique du terme. Il est curieux de faire le rapprochement avec un philosophe du 18ème siècle, l'évêque Berkeley justement et qui avait rédigé un texte paru en 1710 dans lequel il affirmait que la réalité n'existe pas, seuls nous existons nous les humains à travers l'idée que nous nous faisons de cette réalité. Cet évêque est fort connu, justement, par les militants communistes qui ont lu le livre de Lénine " Matérialisme et empiriocriticisme " publié aux éditions de Moscou, livre philoso-phique dans lequel le révolutionnaire utilise les arguments de l'évêque Berkeley pour mieux les contrer. Ne croirait-on pas se trouver dans un de ces livres de Dick où la réalité dépasse la fiction ?

Dans *En attendant l'année dernière*, une machine-taxi déclare : " La vie se compose de configurations de réalité[3] ainsi configurées ". Voilà donc une prise de parti philosophique

---

[2] Citation de Dick dans son fameux discours de Metz : *Si vous trouvez ce monde mauvais vous devriez en voir quelques autres.*
[3] Il faut bien noter que *réalité* est au singulier...

exprimée par une machine, mais chez Dick, on confond souvent la machine et l'homme. Cette prise de parti n'est pas nouvelle, car, en dehors de l'évêque Berkeley, elle fut exprimée par de grands philosophes comme Kant ou Hegel.

Parano et de bonnes raisons de l'être !

Nous ne savons pas encore si Dick était schizophrène, car, si nous disions que le fait de croire que la réalité n'existe pas ou qu'il en existe plusieurs implique la schizophrénie, nous devrions en conclure que Kant ou Hegel l'étaient.

Par contre, Dick avait de très bonnes raisons d'être paranoïaque, comme tous ceux qui le sont. Et n'oublions pas que la paranoïa n'existe pas sans la culpabilité...

Dick perd sa sœur jumelle Jane[4] lorsqu'il était tout bébé. Ses parents se séparent alors qu'il était encore tout petit. Sa tante était schizophrène et sa mère Dorothy n'était pas bien nette pour avoir laissé mourir la sœur jumelle de l'écrivain. Son père le terrifia un jour en mettant son casque lourd et son masque à gaz qu'il avait conservés depuis la Première Guerre mondiale à laquelle il avait participé. Sans doute cette anecdote a-t-elle inspiré à Phil sa nouvelle *Le père truqué*.

---

[4] D'où la personnalité *scindée* dont Dick s'affuble lui-même.

À l'âge adulte, Dick a épousé une gau-
chiste, Klea. Celle-ci ayant été repérée par le
FBI, le couple recevait régulièrement la visite
de deux de ses agents qui leur faisait remplir
des questionnaires. D'autre part, alors que ses
revenus étaient très faibles, il subit un contrôle
fiscal ! Était-il dû au fait qu'il avait signé une
pétition appelant à refuser de payer les impôts
en signe de protestation contre la guerre du
Vietnam ?

L'écrivain, qui décida très tôt de consa-
crer uniquement son temps à l'écriture, connut
les psychiatres tout enfant. Il en avait une
telle pratique qu'il se vantait de rouler dans la
farine n'importe lequel d'entre eux.   Après
Klea, il épousa Anne, à qui il fit quatre enfants
et qui se fit avorter du cinquième sans l'accord
du papa. Ce dernier finit par faire enfermer sa
femme pour schizophrénie, ce qui est le
comble de la réussite pour un paranoïaque,
mais qui aggrava sa santé mentale par le dé-
veloppement d'une profonde et durable culpabilité .

Médicaments et drogues

Dick prenait beaucoup de médicaments,
toujours pour faciliter son existence (comme
tout le monde d'ailleurs...) Comme ses
oeuvres rapportaient peu, il devait écrire
beaucoup et prenait donc des amphétamines à
hautes doses ce qui produisait une profonde
anxiété qu'il soignait avec des tranquillisants.

Il se procurait ses médicaments auprès de dealers dans la rue. Il eut un passage de consommation de drogues dures après le départ de sa deuxième femme Anne. Mais jamais (sauf peut-être dans *Substance rêve* qu'il compensa ensuite avec *Substance mort*) il n'en a fait un manifeste littéraire.

Le monde existe-t-il ?

Le schizophrène (le vrai ?) ne se pose jamais cette question. Comme le dit Dick dans *Glissement de temps sur Mars* : " Un schizophrène a accès au futur, car plongé dans un éternel présent. " Dans la mesure où Dick se la pose, il n'est pas schizophrène. D'ailleurs n'est-il pas légitime de se poser la question de savoir si le monde est bien tel que nos sens nous le transmettent ? En effet, si nous en restions à ce que nous disent nos sens, sans nous poser aucune question, nous croirions toujours que la Lune est un disque plat, de même que la Terre, nous ignorerions l'existence du monde microscopique et de l'infiniment petit, nous ignorerions même l'existence de l'air ! etc.

Tout simplement, Dick faisait partie de ces gens " qui cherchent une signification à ce qui n'en a peut-être pas, une réponse à ce qu'il est déjà hasardeux de considérer comme une question. "[5] Comme il ne trouvait prati-

---

[5] *Je suis vivant et vous êtes mort.* Page 55

quement aucune réponse à ses questions malgré sa grande culture, il en vint à utiliser le
Yi-King, livre des transformations chinois, jeu
" philosophique " qu'il utilisa pour progresser
dans l'intrigue lorsqu'il écrivit " Le Maître du
haut château ", puis, plus tard... la religion.

Schizophrène ou schizoïde ?

Le grand psychanalyste Jacques Lacan
avait une définition bien à lui de la schizophrénie, définition que n'aurait pas reniée Phil
Dick : " (pour le schizophrène) tout le symbo-
lique est réel " Ainsi dans *La transmigration de
Timothy Archer*, Phil raconte un dialogue entre
un évêque (certainement l'évêque Pike que
Dick a bien connu) et un schizophrène. Constamment l'évêque tente de ramener la conversation à l'abstrait (conversation qui porte
sur l'automobile) et constamment le schizo la
ramène à une automobile concrète. Pour ce
dernier l'abstraction n'existe pas. Comme le
souligne Phil lui-même : " Rien n'existe en
général ! Il n'existe que des choses particulières... " Voilà qui aurait plu à Marx lui-même
qui expliquait dans *La Sainte famille* que la
" construction spéculative " (il veut parler ici
de la philosophie de Hegel) explique que le
monde réel est créé à partir du " Mystère " de
" l'idée "... enfin, tous des trucs comme ça...
Et ça c'est du Dick, comme il l'écrit dans sa
meilleure nouvelle *La Fourmi électronique* :
" La réalité objective est une construction de

synthèse, qui part d'une généralisation hypothétique fondée sur une multitude de réalités subjectives ". Ou dans son discours de Metz : " L'écrivain n'a pas inventé la chose (NDLA : l'idée), mais au contraire, elle l'a inventé lui. "

Manifestement, notre Maître était schizoïde et ne s'en cachait d'ailleurs pas, puisqu'il avait écrit dans une œuvre jamais publiée : " En fin de compte, il n'est pas vraiment schizophrène, mais pour ainsi dire *à moitié* schizophrène : à demi scindé. Son œuvre le rattache encore à la réalité. "[6] Eh oui ! Seule son œuvre a empêché Dick de sombrer dans la schizophrénie.

Une œuvre schizophrène.

Car, il a transféré sa schizophrénie dans son œuvre. Comme il a pu la transférer à sa femme Anne. Ainsi, l'a-t-il lui-même en quelque sorte avoué au psychiatre de l'hôpital où sa femme a été hospitalisée : " M. Dick estime que des deux époux, c'est lui le malade mental, et qu'il faudrait l'hospitaliser, car il est peut-être schizophrène.[7] " *Le Dieu venu du Centaure* est bien qualifié par son auteur lui-même de " grand roman de l'acide "... Mais quand il l'avait écrit, il n'en avait jamais pris ! Or, comme certains psychiatres l'avaient af-

---

[6] Fawn, Look Back, œuvre inachevée 1980 citée par Lawrence Sutin dans sa biographie de Dick *Invasions divines.*

[7] Recueilli dans le dossier médical d'Anne Dick avec son autorisation.

firmé, le LSD25 permet de savoir de l'intérieur ce qu'était la folie, qu'il est le " simulateur de schizophrénie ". Dick ne manqua pas de l'essayer sur lui-même ce qui ne lui fit pas que du bien.

La créature proprement schizoïde dans son œuvre est bien l'androïde. Il dit lui-même que la personnalité androïde est une personnalité schizoïde. Il définit son roman *Blade runner*[8] comme un " traité de théologie cybernétique ". Dans *La fourmi électronique*, l'androïde (qui apprend qu'il l'est suite à un accident), essaie de rompre avec la réalité en trafiquant son " ruban de réalité ". À la fin de l'histoire, le lecteur de la nouvelle comprend que ce n'est pas l'androïde qui rompt avec la réalité, mais la réalité elle-même qui disparaît ! Lorsqu'il ne put plus utiliser sa femme comme réceptacle de sa schizophrénie latente, lorsque son œuvre commença à se tarir, et ne joua plus ce rôle, il trouva un autre moyen de transfert de sa folie : la religion. Dans sa préface de *Au Bout du labyrinthe,* il explique qu'il a inventé dans ce livre une nouvelle théologie. Il finit même par se prendre pour un prophète et attribua une origine divine aux rafales d'informations qui mitraillaient son cerveau depuis 1974.[9]

---

[8] Le titre d'origine est *Les Androïdes rêvent-ils de moutons électriques ?*
[9] Cité dans *Je suis vivant et vous êtes morts.*

L'œuvre de Philip Kindred Dick, n'est pas l'œuvre d'un schizophrène, mais c'est une œuvre schizophrénique qui a permis à son auteur de ne jamais vraiment le devenir...

Phil Dick n'a jamais voulu se laisser aller à être comme le commun des mortels. Il a cherché tous les moyens de connaître le monde. Mais sa paranoïa le conduisait à lui rendre ce monde invivable et à le refuser...

C'est la souffrance de ce refus qu'exprime son œuvre.

Confessions d'un barjo

Et les romans **mainstream** de Dick...

Le seul film français qui a adapté une œuvre de Dick, l'a fait à partir d'un roman mainstream (comme on dit là-bas, ou un roman de littérature générale, comme certains disent ici...)

Disons tout de suite que chez Dick, la différence est minime, voire inexistante. Ainsi, voici ce qu'il écrivait concernant la « différence » entre le fantastique et la SF : Le fantastique implique des choses généralement considérées comme impossibles, et la science-fiction des choses généralement considérées comme possibles sous certaines conditions. Autant dire qu'à la base, la différence est purement subjective. Dans sa lettre à John Betancourt (14 mai 1981) il dit même carrément : Et maintenant, comment distinguer la science-fiction du fantastique ? C'est impossible (...) Voir également plus bas dans cet article l'appréciation de Dick sur ses romans mainstream, qu'il qualifie de surréalistes ! Chez Dick toutes ces considérations de classification sont vaines. Dans son essai « Comment construire un univers qui ne s'effondre pas deux jours plus tard », Dick explique comment les personnages et les événements de son roman « Coulez mes larmes dit le policier » se sont avérés exister réellement. L'auteur y retrouve même a posteriori des passages de la bible qu'il n'avait jamais lus ! Il est extrêmement complexe et certainement fastidieux d'essayer de résumer ce que dit Dick de ce phénomène.

Voici ce qu'il utilise de chez Héraclite, en guise d'explication : La structure latente domine la structure évidente.

Des œuvres largement méconnues

Le seul problème qu'il a rencontré fut que les éditeurs refusèrent longtemps de publier ces œuvres mainstream, car eux faisaient la différence. Ainsi l'écrivain put vivre de sa plume uniquement grâce à ses écrits de SF. Pourtant, il fut aussi productif dans les deux genres. De 1952 à 1958 il écrivit huit romans réalistes : « Voices from the street (1952-53), Mary and the giant (1953-55, paru aux USA en 1987 (!) et en France en 1994 sous le titre "Pacific park"), A time for George Travos (1955, perdu), Pilgrim of the Hill (1956, perdu), The broken bubble of Thisbe hotel (1956, paru aux USA en 1987 sous le tire "The broken bubble" et en 1993 en France sous le titre "La bulle cassée"), Puttering about in A small land (1957, paru aux USA en 1985 et en France en 1993 sous le titre "Mon royaume pour un mouchoir"), Nicholas and the Higs (1957, perdu) et In Milton Lumky territory (1958, paru aux USA en 1985 et en France en 1993 sous le titre Aux pays de Milton Lumky).

Ouf ! Cela en fait non ? Avez-vous noté que

parmi ces huit œuvres, trois sont PERDUES !!! et une n'a pas encore été publiée ? Et toutes celles qui ont été publiées l'ont été après la mort de l'écrivain. Les sources proviennent de Paul Williams, l'exécuteur testamentaire littéraire de Dick qui a classé ses œuvres en fonction de leur date de réception à l'Agence littéraire Scott Meredith.

On a donc accès à la fiche-résumé de ces œuvres et la note donnée par l'agence, même quand ces œuvres ont été perdues.
Il faut savoir également qu'en 1974, Dick se sentant mourant fit don de ses manuscrits à la bibliothèque universitaire de Fullerton en Californie. Et voici ce qu'écrit Marcel Thaon dans le « Livre d'or de la SF » consacré à Dick : (…) la bibliothèque est gardée par des êtres étranges qui pensent que les livres sont faits pour rester cachés à la vue du public, le regard usant le papier. Et de citer deux autres titres de Dick : « The man whoseteeth were all alike – Gather yourselves together »

Confessions d'un barjo
Revenons donc à « Confessions d'un barjo ».
Dick était le frère jumeau de Jane, sa sœur morte peu après sa naissance. On sait que chez les jumeaux, l'un d'eux est toujours « écrasé » par l'autre au sein de la maman. Ce fut le cas de Jane et Philip en fut toujours culpabilisé.

29

Ce roman met donc en scène un jumeau avec sa sœur...

Il a été refusé par l'éditeur Harcourt Brace. Pourtant Lawrence Sutin le juge comme meilleur roman hors genre que Dick ait jamais écrit (..) L'éditeur Knopf l'aurait édité à condition que Dick le récrive. Ce qu'il refusa de faire. Non pas que je refuse, mais j'en suis tout bonnement incapable. Ecrivit Dick dans une lettre à sa troisième femme Anne.

C'est Entwhistle Books qui le publia en 1975.

Permettez-moi de citer encore Lawrence Sutin : « Confessions » est le premier roman de Dick à appliquer dans toute sa démesure le principe des points de vue narratifs multiples. Lui-même avait défini devant Anne ses œuvres réalistes antérieures comme « confinant au surréalisme. »

Ce roman est très biographique. D'ailleurs Dick a fait des annotations dans ce sens sur l'exemplaire qu'il a dédicacé à Chris Arena.

Et voici comment le dictionnaire « Ciné guide 20 000 » résume le film : Un « barjo » provoque des catastrophes en chaîne dans le ménage de sa sœur jumelle. Est-il besoin d'en dire plus, une fois le contexte éclairé ?

Quelques romans à découvrir ou impossible de le faire

Au pays de Milton Lumky

UGE 10/18 1992.

Terriblement noir. Un vrai polar dans lequel

trois personnages essaient de savoir qui ils sont.

Ils échoueront.

Bulle cassée

UGE 10/18 19993

Éternels problèmes de couples. Les êtres humains sont imparfaits physiquement et mentalement. Donc, il y a des problèmes.

Dick : J'y prends le parti des individus les plus malheureux, les plus vulnérables et les plus faibles de la société : les adolescents.

Mon royaume pour un mouchoir

UGE 10/18 1993.

Pacifik park

UGE 10/18 1994

Un roman grevé de défauts, mais qui reste fascinant. Un personnage féminin qui lutte pour sa dignité malgré les violences subies.

Au tour de George Stravos

Un roman perdu. Mais une lectrice (J.B.) de l'agence littéraire en a rédigé un synopsis :

Ça ne me plaisait pas la première fois, et ça ne me plaît toujours pas. Roman interminable, morne et plein de digressions contant l'histoire d'un immigrant grec de soixante-cinq ans doté d'un fils poule mouillée et d'un autre qui lui est indifférent, plus une épouse qui ne l'aime pas (elle le trompe d'ailleurs).

Voici ce qu'en dit Dick lui-même : Il n'existe pas de mauvais tour que les méchants puissent jouer aux bons et qui ait un jour une chance de réussir ; les bons sont protégés par

Dieu, ou au moins par leur vertu. (1960)

L'homme dont les dents étaient toutes exactement semblables

Joëlle Losfeld 2000.

L'histoire de deux couples malheureux en mariage. (Dick en sait quelque chose).

L'auteur était d'accord sur la nécessité de remanier ce texte publié en France en 1989.

Humpy dumpy à Oakland

Joëlle Losfeld 2001.

Dick : (ce livre) visite le prolétariat de l'intérieur. La plupart des romans traitant de ce sujet sont en réalité écrits par des représentants de la classe moyenne.

La fille aux cheveux noirs

Gallimard Folio/sf 2002

Un recueil des textes de Dick qui mettent en scène la fameuse fille aux cheveux noirs que l'on retrouve partout dans son œuvre.

Chronique d'un recueil de nouvelles de P. K. Dick

Paycheck - Le voyage gelé
Philip K. Dick
Nouvelles

Ces deux volumes regroupent plusieurs nouvelles de Dick dont "Paycheck" (*La clause de salaire*, en français) qui a été adaptée au cinéma par John Woo. Il est intéressant de comparer la nouvelle et le film : ce dernier rend l'histoire plus complexe et développe une histoire d'amour, alors que Dick ne parle que très rarement de ce sujet (l'amour...)
Toutes les obsessions de Dick sont développées dans ces nouvelles : l'illusion du réel, le complot, le pouvoir, la guerre, la société de consommation et la schizophrénie.
Son style n'est pas toujours recherché, mais ses histoires sont la plupart du temps époustouflantes d'imagination.
Dans "Nanny", on démolit ce qui a été construit pour reconstruire et revendre...
Dans "Le Monde de Jon", on voyage dans le temps et on retourne dans le monde terrifiant d'une autre nouvelle de Dick : "Nouveau modèle", adaptée au cinéma avec le film "Planète hurlante". On y retrouve des « femmes (...)

avec des cheveux et des yeux noirs » (voir à ce propos le livre "La fille aux cheveux noirs" chez Folio SF qui regroupe « toutes les lettres que Dick a adressées à cette mystérieuse muse »)

Dans "Une petite ville", le héros reconstruit sa ville dans sa cave et cela a des répercussions sur la vraie ville bien sûr… car « la réalité est une construction de l'esprit » !

Et la pépite de ce recueil est "Le père truqué", un petit chef-d'œuvre de terreur psychanalytique. Cette histoire aurait-elle inspiré le "Body snatcher" de Jack Finney ?

Deux histoires post apocalyptiques : "Au temps de Poupée Pat" et "Autofab", dans lesquelles l'être humain n'est pas, mais pas du tout, maître de son destin.

Dans "Un p'tit quelque chose pour nous les temponautes", des voyageurs dans le temps sont pris dans un cercle temporel dont ils ne peuvent plus sortir.

L'autre volume "Le Voyage gelé" est peut-être moins passionnant, mais intéressant tout de même, notamment, par son humour très noir et par le premier texte qui nous parle de Theodore Sturgeon.

"Que faire de Ragland Park ?", est la suite de la nouvelle "Le suppléant" contenue dans le volume "Paycheck" : de la politique fiction excellente.

Dans "Numéro inédit", Dick affiche son mépris profond de la politique…

Et enfin, la nouvelle titre "Le voyage gelé" est une explication plutôt rationnelle de la schizophrénie : on ne sait plus si on rêve ou si on vit.

Deux volumes à ne pas manquer comme l'ensemble de l'œuvre de Dick.

.

Paycheck - Le voyage gelé - Philip K. Dick – Nouvelles – traduction par Hélène Collon et traductions par Emmanuel Jouanne revues et corrigées par Hélène Collon – Folio Sf – 488 pages et 220 pages.

Chroniques de livres sur Dick

Philip K. Dick - Dick le zappeur des mondes
Évelyne Pieillier

Ce livre est un recueil de textes de Dick choisis par Evelyne Pieillier qu'elle commente en faisant la transition entre eux. Les textes sont soit des extraits de nouvelles, de romans ou de déclarations de l'auteur de SF.

Ce qui est nouveau dans cet ouvrage ce sont évidemment les choix d'Evelyne Pieillier. Ils sont ce qu'ils sont et il est difficile de se prononcer, car l'œuvre de Dick est si énorme que tout choix est valable. Par contre il me déplaît de voir ainsi rassemblés des extraits de ses œuvres. N'y a-t-il pas danger à trahir un auteur en extrayant ainsi des parties de ses textes ? Il est vrai qu'il s'agit d'une collection intitulée « Voyager avec... » Bon ! Admettons. Mais voyager avec Dick n'est pas seulement une affaire littéraire. Cela va bien plus loin.

Evelyne Pieillier est chroniqueuse au journal L'Humanité. Étant un ancien lecteur assidu de ce journal je dois dire que je n'ai jamais apprécié ses articles lorsqu'il s'agissait de science-fiction[10]. Il est de coutume chez les

---

[10] Traiter les œuvres de Howard de "Pantalonnades" ou Graham Masterton d'écrivain américain…

littéraires de traiter de la science-fiction sans la connaître vraiment...

Ainsi, l'auteure nous donne à lire la liste des films adaptés de l'œuvre de Dick et il en manque deux : *Impostor* et *Planète hurlante*... Elle aurait pu aussi évoquer la série télévisée *Total Recall 2070*...

Elle ose un petit lexique dickien dans lequel elle met "Le Chat de Schrödinger" ou le Y-King, qui n'ont rien de dickien mais que Dick a beaucoup utilisés...

Ceci dit, cet ouvrage peut être une bonne introduction à l'œuvre de Dick et donc ne nous plaignons pas...

Philip K. Dick - Dick le zappeur des mondes - Evelyne Pieillier – La Quinzaine littéraire – 232 pages – 24 euros

Philip K. Dick
L'homme qui changea le futur
Anthony Peake

Après avoir lu le livre, il m'a fallu quelque temps de pause avant d'écrire cette chronique. D'abord, ce livre est ardu. Il est le fruit d'une patiente et longue recherche de documents sur la vie de Dick, ce qui n'est pas une mince affaire et chapeau pour le boulot.

Ce livre est difficile à lire, car il y a de très nombreux personnages, et souvent, le personnage nouveau est présenté par son nom et prénom, et, bien plus loin, seulement par son prénom, et même parfois par le diminutif à l'américaine, ce qui fait qu'on est perdu, sauf à tout le temps revenir en arrière pour contrôler si on a bien compris de qui il s'agit. Le texte n'est pas toujours bien écrit, mais on ne peut pas savoir si cela vient de la traduction ou de l'original.

Ensuite, il s'avère que le portrait de Dick, après ce travail de fourmi, n'est pas flatteur, c'est le moins qu'on puisse dire.

En fait, P.K.D. est un fou, paranoïaque, drogué, victime d'hallucinations, ignoble avec les femmes (il finit même par inverser les rôles et faire interner en asile psychiatrique l'une de ses femmes, ce qu'on savait déjà). Bref, on est un peu saisi par ce portrait réaliste. Un type peu fréquentable, mais qui, quand vous êtes pris dans ses filets, ne vous laisse plus en sortir.

Par exemple, cette biographie est très claire sur les rapports de Dick avec le FBI. Il n'en était pas la victime, comme il l'avait parfois présenté, mais plutôt une espèce de collaborateur…

Puis il y a l'œuvre immense de cet écrivain, dont j'admire toujours le travail, même après avoir lu ce livre. Et de cette œuvre, mise en parallèle avec les « précognitions » de Dick, ses rêves prémonitoires et sa théorie de la précognition (mainte fois utilisée dans ses histoires), Anthony Peake tente de développer une thèse sur la nature soi-disant surnaturelle de PKD (c'est ainsi qu'il nomme Dick tout au long du livre) et que suggère son sous-titre... Et cela il le développe dans la deuxième partie du livre, en s'appuyant exclusivement sur les écrits et les déclarations de Dick (comment eût-il pu faire autrement ?), bien souvent d'ailleurs contredites par les témoins cités dans cette biographie. Bref, en exagérant un peu, je dirais presque qu'Anthony Peake s'est laissé prendre dans les filets de la propre mise en scène que Dick a mise en place tout au long de sa vie pour faire croire qu'il était une espèce d'extraterrestre précognitif.

Un type capable de changer l'avenir en écrivant des bouquins !

Philip K. Dick - L'homme qui changea le futur - Anthony Peake - Traduction Arthur Desinge – Hugoetcie – 264 pages – 19,0 euros. Préface de Barnard Werber.

PHIL : une vie de Philip K. Dick - Laurent Queyssi / Mauro Marchesi

Superbe album relié sur la vie du plus grand écrivain de SF de tous les temps. J'exagère ? Peut-être, mais c'est mon problème. En tous les cas Dick est un très grand.

L'auteur (Laurent Queyssi) dans un beau post-scriptum affiche ouvertement son amour pour cet écrivain qui a révolutionné la SF écrite, mais aussi celle qu'on voit sur grand écran, avec ses adaptations au cinéma.

Nous voilà donc devant une très belle biographie de P.K. Dick qui exprime parfaitement bien comment cette folie qui habitait l'écrivain fut créatrice de si belles histoires si étranges.

La vie de Dick fut très compliquée ce qui l'a rendu compliqué lui aussi. Tout cela est très bien rendu dans ce bel album : la mort de sa petite sœur jumelle à peine née qui a créé ce vide dans sa vie et façonné sas rapports avec les femmes. Le manque de père (« Le père truqué »…), la paranoïa qui le faisait à la fois craindre les complots du FBI, mais aussi collaborer avec lui… Son addiction aux produits chimiques comme les amphétamines et peut-être d'autres encore. Son délire qui lui permettait de faire des discours différents selon son interlocuteur et ainsi d'être très convaincant. Ce qui fait que les versions de la vie de Dick diffèrent selon la personne qui la raconte ! Mais les auteurs de cette BD ont fait une enquête sérieuse pour éviter tout faux pas.

Oui, il y a beaucoup à dire et à écrire sur la vie de PKDick.

Dans son post-scriptum, Laurent Queyssi annonce la couleur : « (…) la passion que j'avais pour son œuvre avant l'écriture de cette bande dessinée s'est doublée d'une profonde affection pour le personnage inspiré de Dick que nous avons mis en scène ici. » Bien dit !

Du coup la seule critique que j'aurais pu faire tombe un peu à l'eau : le côté sombre de Dick apparaît peu dans cette biographie. Il est montré comme une simple victime de lui-même. Mais n'a-t-il pas réussi à faire enfermer une de ses femmes en asile psychiatrique en ayant convaincu le psychiatre qu'ils consultaient en commun qu'elle était folle ?

In est vrai comme le dit Dick : ... on ne peut pas plaire à tout le monde, puisque les gens ne veulent pas tous la même chose. » (UBIK)

Cher lecteur je t'invite ardemment à lire cette magnifique BD !

PHIL une vie de Philip K. Dick - Laurent Queyssi / Mauro Marchesi – éditions 21g – collection Rêveurs de mondes – 146 pages couleurs
Voir également l'album consacré à Lovecraft...

Guy-Robert Duvert réalisateur du film Virtual Revolution

Interviewé par l'auteur

Bonjour Guy-Roger Duvert. Je viens de regarder votre film en DVD et je suis ravi. Mes premières questions visent évidemment vos sources d'inspiration.

Pour le plus grand plaisir du spectateur, vous avez transformé notre Paris en San Francisco de *Blade Runner*. Du point de vue visuel, bien sûr, cela renvoie au film de Ridley Scott. Fut-ce difficile à réaliser ?

Guy-Robert Duvert

Pas tant que ça. Il a juste fallu deux choses : m'entourer de personnes compétentes, et garder le sens du détail. En effet, c'est en étant crédible jusque dans les petits détails que l'image d'ensemble devient cohérente. Avec Marc Azagury, notre directeur artistique, on s'est posé un tas de questions de façon à avoir un univers d'ensemble très crédible. Par exemple, personne ne le remarquera, mais régulièrement dans le film, il y a des boîtes ou des cartons avec des sigles indiquant la technologie transportée. Pour cela, on s'est appuyé sur l'existant. Aujourd'hui, le plus dangereux est le 7, radioactif (c'est le fameux sigle en jaune et noir). On a rajouté le 8 pour tout ce qui est synaptique (toute la technologie liée aux connexions à la réalité virtuelle) et pour le 9 l'antigravitationnel, technologie liée aux voitures volantes. Ce n'est qu'un exemple parmi d'autres du niveau de détails qu'on a donné.

Ensuite, pour créer ce Paris à la *Blade Runner*, j'ai appliqué la même règle que dans le film de Ridley Scott : le rétro fitted futurism. Ce qui consiste à mélanger des éléments SF à des éléments rétro. Concrètement, lorsqu'on est dans la réalité, dans quasi chaque scène, je me suis à chaque fois demandé : qu'est-ce qui, dans cette scène, fait SF, qu'est-ce qui fait rétro ? Ainsi dans l'appart de Nash, ce qui fait SF sont le siège de connexion, le mur auquel il est relié, l'album vidéo, et la vue à l'extérieur. Ce qui fait rétro ce sont les sofas chesterfield, les livres en cuir, le gramophone...etc. À Synternis, le décor de la salle est rétro (renaissance), alors que la table de Dina et la vue à l'extérieur sont futuristes...etc. C'est le fait de mélanger dès que possible ces éléments qui rend l'univers crédible à l'arrivée.

Enfin, il a fallu créer une ambiance lumineuse forte, comme celle qu'on retrouve dans *Blade Runner*. C'est quelque chose que j'ai pu travailler avec mon chef opérateur Cyril Bron. On pourrait s'attendre à ce que la plupart de l'ambiance lumineuse ait été faite en post production, à l'étalonnage. Mais en fait, dans les scènes réelles, il n'y a quasiment pas eu d'étalonnage, tout le travail de lumière ayant été fait au tournage. L'étalonnage a été beaucoup plus important dans les mondes virtuels.

Nous venons de parler de la référence à *Blade Runner* de Philip K. Dick et de son adaptation au cinéma par Ridley Scott.
Le titre original de Dick était *Do Androïd Dream of Electric Sheep*, et les deux autres éditions françaises du roman furent *Robot blues* et *Les Androïdes rêvent-ils de moutons électriques*.
En fait, dans votre film, les références à l'œuvre de Dick vont bien plus loin que cela. Tout votre film n'est-il pas une référence à l'œuvre de Dick et de son obsession quasi psychiatrique de la juxtaposition de deux ou plusieurs réalités ?

Guy-Robert Duvert
Philip K. Dick est clairement un auteur majeur pour moi (j'ai dû lire l'ensemble de ses nouvelles), et s'il y a un point commun entre *Virtual Revolution* et *Do Androïd Dream of Electric Sheep*, c'est la question sous-jacente de ce qui nous définit comme être humain. Mais au-delà de cela, je pense que *Virtual Revolution* se démarque nettement de l'univers de K. Dick sur un point précis. Chez K. Dick, on retrouve quasi constamment ce doute entre ce qui est réel et ce qui ne l'est pas (dû à sa propre schizophrénie). Or, dans *Virtual Revolution*, il n'y a aucun doute. Les gens savent parfaitement ce qui est vrai ou non. On ne re-

trouve pas non plus l'idée de manipulation qu'on retrouve chez plusieurs œuvres de K. Dick ou des films comme *The Matrix*. Dans *Virtual Revolution*, personne n'est manipulé. C'est le choix des Connectés que de délaisser le réel pour le virtuel. Le thème du choix est donc l'un des thèmes principaux du film, avec cette ambivalence entre la servitude volontaire et la liberté forcée.

Les *Connectés* sont des humains coupés totalement de la réalité, reliés à des jeux de rôle virtuels. N'est-ce pas une extrapolation de notre vie actuelle où nous sommes toutes et tous « connectés » à un monde virtuel, pas seulement les jeux vidéo, mais aussi la presse, la télévision, les infos en continu qu'il nous est impossible de vérifier et qui nous renvoie une certaine image de la réalité, mais qui, en fait, nous en éloigne ?

Guy-Robert Duvert
Si, totalement. D'ailleurs, c'est la définition même de l'anticipation : extrapoler ce que deviendra demain une technologie qu'on découvre ou envisage aujourd'hui. Au départ, le film extrapole ce que donnera la fusion entre la réalité virtuelle et les jeux vidéo appelés MMORPG (ces jeux où on se crée un avatar pour vivre des aventures dans un monde persistant, où jouent des milliers d'autres joueurs en même temps). Mais il est évident que le

sujet touche en fait des phénomènes de société plus larges que juste ces jeux. Qu'est-ce que Facebook si ce n'est le fait de se fantasmer une vie via un avatar ? On met des photos de soi photoshopées, on met des statuts donnant l'impression qu'on a une vie fabuleuse. Il y a déjà un décalage entre la réalité et l'image qu'on veut donner de soi-même. Les MMORPG ne font que finaliser cette tendance, car on n'y a même plus besoin d'essayer de coller un peu à la réalité. On y crée l'avatar qu'on veut, avec les attributs physiques qu'on choisit. Mais il est évident que la tendance actuelle qui consiste à s'éloigner de plus en plus de la réalité est pour moi la preuve que notre société va dans une direction dans laquelle à l'arrivée la majorité de la population finira par décider d'abandonner tout simplement cette réalité.

Il y a aussi, il me semble, un autre volet dans votre film, volet qu'on retrouve dans le travail d'écrivain de Dick : le volet social.

Il y a un passage du film qui parle de revenu universel. Or ce service rendu à la population dans le film est défendu par la représentante de la multinationale qui explique que cette mesure de revenu universel lui convient bien, car elle permet de maintenir le système social des *Connectés* coupés de la réalité.

Cela aussi c'est Dickien. Dick qui était très marxiste dans sa jeunesse, comme il le dit lui-même lors d'une interview [11] avec Patrice Duvic, idéologie qu'il a abandonnée plus tard et, mais qu'il n'a jamais cessé de mettre en arrière-plan, pour mieux la renier.
Au fond, n'est-ce pas aussi le nerf moteur du récit de votre film ? Comme votre titre semble l'indiquer !

Guy-Robert Duvert
Le film, s'il se veut d'abord un film de divertissement, a clairement une portée philosophique. De ce fait, oui, il en devient par moment clairement politique. Mais ce qui est intéressant selon moi, est que le film n'impose jamais une opinion, il expose les contours de telle ou telle question, et incite au débat. La position de ceux prônant cette échappatoire dans les mondes virtuels (que ce soit les utilisateurs ou les multinationales ayant créé ces mondes) est aussi bien mise en avant que la position inverse (où l'on montre dans le film que les Connectés ont des conditions d'hygiène déplorables, une espérance de vie limitée, et surtout qu'il s'agit d'un outil de contrôle des masses sans précédent). Mais le film ne prend pas position. La fin, d'ailleurs, a ten-

---

11_ Dans le recueil *Philip K. Dick Total Recall*
Christian Bourgois éditeur collection 10/18 1991

dance à surprendre, et même pour certains à déranger. Ce qui fait que dans les séances de question-réponse avec le public, lors de la sortie en salles, on s'est retrouvé dans des débats philosophiques passionnants, le public lui-même se scindant entre telle ou telle position.

Pour le revenu universel, je suis assez content de moi, car au moment de l'écriture du scénario, en 2014, personne n'en parlait, et c'est devenu aujourd'hui un débat politique, donc ça veut dire que l'hypothèse était plutôt solide.

Votre film est parfois un peu bavard. Vos personnages apportent beaucoup d'explications. Est-ce une volonté de votre part de « textualiser » le récit ?

Guy-Robert Duvert
C'est en effet un parti pris, pour une raison simple : je voulais traiter le sujet, et ne pas simplement l'évoquer. Combien de fois dans un film de science fiction, un thème passionnant est mis en avant, mais on se rend compte à l'arrivée que ça n'est que du décor, et à l'arrivée on a juste un film d'action ou un polar classique ? Je voulais vraiment plonger le spectateur dans la problématique à laquelle on va être confronté, de façon à le pousser à y réfléchir. Pour cela, cela implique de justement évoquer de nombreux aspects. La partie, par

exemple, où Dina parle du revenu universel, est en effet une scène un peu bavarde. Mais sans elle, l'implication politique du film vous aurait moins frappé, et vous ne m'auriez pas posé une question dessus. Le film est volontairement plus dynamique dans sa première moitié, avec plus de scènes d'action, et progressivement, le rythme se calme un peu de façon à pouvoir nous plonger dans les questionnements soulevés par la réalité virtuelle. Ainsi, en termes de rythme, on est dans la première partie plus proche de ce qui se fait aujourd'hui dans les films de science fiction, et la seconde partie, plus calme, plus atmosphérique se rapproche plus d'un rythme à la *Blade Runner*.

J'ai beaucoup aimé votre Paris. Par exemple la scène à la mairie du 18ᵉ arrondissement. Avez-vous eu des difficultés matérielles pour ce tournage dans des lieux divers, semble-t-il ? Pour obtenir les autorisations ?

Guy-Robert Duvert
Non, les relations avec les autorités de la ville de Paris ont toujours été très bonnes, grâce à notre chef régisseur, Nicolas Plouhinec. On a cherché ensemble tous les lieux qu'il nous fallait pour le film, puis il a obtenu à chaque fois les autorisations nécessaires. Paris est une ville habituée aux tournages, donc elle est rodée à cet exercice. Et Paris regorge de lieux

fabuleux ! La Mairie du 18ème en est un exemple. Ce bâtiment est de toute beauté !

Après, l'inconvénient de Paris peut parfois être le prix. Il a fallu parfois sacrifier certains endroits, trop chers. J'avais par exemple envisagé de tourner dans les jardins du Palais Royal, sous les voûtes, mais c'était beaucoup trop cher. Après, l'avantage de la province est que les tournages y étant moins fréquents, les gens sont plus enclins à vouloir voir un film se tourner chez eux. À Paris, c'est plus inégal. Certains endroits ont préféré refuser, de façon à éviter le désagrément d'avoir un tournage chez eux. Mais bon, on s'y était pris très tôt à l'avance. Ça nous a pris 6 mois pour trouver l'ensemble des lieux, et le résultat de ces recherches est à l'écran.

Là où on a pu avoir des complications matérielles, c'est par exemple sur les quais de Seine, où on n'avait pas prévu que les gens feraient la fête un vendredi soir sur les quais... Mais bon, on a juste ajusté nos scènes de façon à tourner celles qui nous intéressaient sur les quais à une heure où les fêtards cuvent. Donc, à l'arrivée, on n'a jamais rencontré de sérieux obstacles au tournage.

Comment s'est passée la direction des acteurs ?

Guy-Robert Duvert

Un bonheur ! Je sais que ça paraît bateau de

dire ça, mais c'est juste vrai. J'avais également pris mon temps lors des auditions pour
vraiment être certain de mes choix. Pour certains rôles, c'était une évidence, mais pour
d'autres, j'ai plus hésité, et j'ai préféré me
laisser le temps d'être certain. Et ça s'est avé-
ré payant, car sur le tournage même, tout
s'est déroulé de manière extrêmement simple.
Les acteurs maîtrisaient et leur texte et leur
personnage. On avait évidemment procédé à
quelques répétitions, mais à l'arrivée en fait
assez peu.

J'aimerais citer tous les acteurs du film, et
d'ailleurs, attendez-vous à en retrouver plusieurs dans mes prochains films. Mais si je
devais en citer un seul, ce serait Mike Dopud,
qui tient le film sur ses épaules, et qui prouve
qu'il est totalement crédible comme lead rôle.
C'est un acteur extrêmement actif à Holly-
wood, que l'on voit dans plein de séries TV
(*Stargate Universe, Continuum, Dark Matter,
Arrow*...) et de films (*300, X Men Days of Future Past, Mission Impossible 4*...), mais qui
jusqu'à présent a surtout eu des rôles secon-
daires. Alors que pour moi c'était une évidence
qu'il avait le charisme pour être rôle principal.
Virtual Revolution prouve que c'est le cas, et
Mike a d'ailleurs gagné des prix d'interpréta-
tion pour ce rôle.

**Avez-vous été obligé de faire le film en
anglais ?**

Guy-Robert Duvert

Non, c'était un choix. Pour plusieurs raisons. Tout d'abord, je vis à Los Angeles, et j'aime la langue anglaise. Par ailleurs, faire un film de science fiction en français est suicidaire commercialement. Les distributeurs ne croient pas en de la SF qui ne viendrait pas des grands studios américains. Ça s'est d'ailleurs confirmé lorsqu'il nous a fallu sortir le film en salles. Ce qui est terrible c'est que les Américains font régulièrement appel à nos talents, c'est bien qu'on est capable de le faire. Mais l'industrie française a cette inhibition qui fait qu'il nous a fallu faire le film par nous-mêmes. Enfin, je trouve que le jeu en anglais est souvent plus charismatique que celui en français, pour une raison musicale : lorsqu'on parle en anglais, on parle une demi-octave plus bas que lorsqu'on parle en français. La voix étant plus grave, elle est donc plus charismatique. Toutes ces raisons font que le film est en anglais. Et rien que pour entendre les voix sexy de Mike ou Jochen, cela vaut le détour, de voir le film en anglais !

Merci à Guy-Robert Duvert !

Propos recueillis le 5 mai 2017
par Alain Pelosato

EURO INTERNATIONAL FILMS
LA RISPOSTA
DELLA CINEMATOGRAFIA SOVIETICA A
2001: ODISSEA NELLO SPAZIO
SOLARIS
MOSFILM
TECHNICOLOR

Un film dickien sans Dick..

Solaris !

Un roman (1961) de Stanislaw Lem
Un film (1972) d'Andrei Tarkovski
Un autre film (2002) de Steven Soderbergh

Solaris est un roman de Stanislas Lem, auteur de science-fiction polonais, et un film d'Andrei Tarkovski, réalisateur soviétique (mort en 1986, hélas). Steven Soderbergh a réalisé un magnifique remake en 2002. Ces œuvres ont été offertes au public en dehors de toutes les règles cinématographiques et littéraires holly-woodiennes.

Encore que Lem ait toujours écrit dans le but de se faire publier en « occident » comme on disait à l'époque là-bas, et il y réussit parfai-tement, notamment avec sa série des *Ijon Ti-chy*, courts récits satiriques. Avant d'en venir à *Solaris,* je voudrais manifester mon énorme admiration pour un des plus géniaux romans de SF de tous les temps, un roman de Lem justement : *Mémoires trouvées dans une bai-gnoire* (1961). Sans faire d'autopublicité, je rends hommage à ce texte dans une de mes nouvelles, intitulée *Manuscrit trouvé dans une baignoire de l'hôtel Rossia à Moscou* (tout un programme). Et admiration sans bornes aussi pour un autre film SF de Tarkovski, *Stalker,* tiré d'un roman des deux frères Strougaski (des Soviétiques ceux-là). Ce roman s'appelait à l'origine : *Pique-nique au bord du chemin* (1972). Ces écrivains de l'est sont géniaux, tellement géniaux qu'ils ont réussi à survivre en tant qu'artistes dans une société qui ne les aimait guère.

Solaris est le nom d'une planète constituée uniquement d'un océan. Au fur et à mesure de sa prospection, on finit par déduire que cet « océan » est un gigantesque organisme unique intelligent. Lorsque Solaris fut découverte « *La théorie de Gamow-Shapley affirmant que la vie était impossible, sur les planètes satellites de deux corps solaires* » fut démentie dans les faits : Solaris était capable de réguler son orbite autour de ses deux soleils ! Et le problème se posa donc de communiquer avec cet extraterrestre ; mais « *comment voulez-vous communiquer avec l'océan alors que vous-mêmes n'arrivez plus à vous comprendre ?* », questionne un scientifique. Et l'on retrouve le dialogue suivant aussi bien dans le film que dans le livre : « *Dans cette situation, sont impuissants aussi bien la médiocrité que le génie.* » Lem fait de Solaris son personnage principal. L'auteur est un scientifique de haut niveau, à la fois de par sa formation initiale, mais aussi en autodidacte. C'est la raison pour laquelle, en plus talent, les réflexions scientifiques sur Solaris sont passionnantes dans le livre.

Dans les films *Alien*, l'extraterrestre pond des œufs dans notre corps pour se reproduire. Dans *Solaris,* l'extraterrestre entre dans notre esprit pour y trouver la culpabilité et la matérialise. C'est encore plus horrible ! Le roman vous prend dès le départ par les questions que se pose le visiteur de la station qui plane au-dessus de Solaris. Un vrai suspense à la Hitchcock. Tarkovski ne joue pas sur ce registre dans son film ; il prend son temps, (le film dure deux heures trente !) comme à son habitude et traite l'image, utilise les mouvements de la caméra pour déclencher chez le spectateur une réflexion sur la psychologie des personnages.

La situation devient compliquée, car les créatures de Solaris souffrent de leur inhumanité, et cherchent à devenir humaines… Cela ne vous dit rien ? *Blade Runner*, bien sûr ! On voit là encore que Dick n'avait rien inventé… Car, comme le dit Kelvin, le psychologue, à sa « créature » : « *Tu m'es plus chère que toutes les vérités scientifiques* ».

Cette histoire est très complexe, d'une complexité que j'adore. La manière de filmer de Tarkovski est bien adaptée à cette complexité. Il faut un effort intellectuel pour regarder le film. L'image de fin vous offrira bien plus qu'une récompense de votre effort ; à condition d'avoir vu le film avant. Soderbergh a plutôt simplifié la trame du récit (le père de Kelvin est absent) et joue plutôt sur la plasticité du film.

Quand on sait que Lem ne laissait rien au hasard, on sourit au nom de Kelvin attribué à son personnage principal. Sir Williams Thomson, lord *Kelvin (1824-1907)*, était un grand scientifique dont les études géophysiques sur les *marées terrestres* sont restées fondamentales. (C'est de lui que vient le degré Kelvin, dont le 0 °K est le zéro absolu).

Voilà de la science-fiction !

Films inspirés des œuvres de Dick

et autres films dickiens
même avant Dick !

La Chose d'un autre monde de Christian Nyby (1951), avec quel mépris certains critiques parlent de la *« carotte extraterrestre »* pour parler de l'alien de ce film qui m'avait terrifié dans mon enfance. Beaucoup de critiques attribuent sa réalisation à Howard Hawks qui en fut le producteur, mais, pitié laissons à Nyby la paternité de son chef-d'œuvre ! Cette histoire est adaptée d'une nouvelle de John W. Campbell *La Bête d'un autre monde* (1938). Campbel qui s'est visiblement largement inspiré d'un petit roman de Lovecraft *Les Montagnes hallucinées.* C'est le chef-d'œuvre des films d'épouvante des années cinquante. La scène au cours de laquelle les savants ont planté les graines du monstre et se sont aperçus qu'elles ont germé n'a jamais été égalée.

John Carpenter a réalisé en 1982 un remarquable remake. Un autre remake de la période faste du cinéma fantastique espagnol, avec Peter Cushing et Christopher Lee : *Terreur dans le Shangaï express* (1972) par Eugenio Martin, reprend tous les ingrédients de Dracula, Frankenstein, DrJekyll et les morts-vivants...

L'invasion des profanateurs de sépulture de Don Siegel (1956), cette fois, les monstres de l'espace sont parmi nous, ils prennent même notre place ! On ne voit pas ce que la sépulture vient faire dans le titre français ! Plusieurs remakes de cette histoire terrifiante : *L'invasion des profanateurs* de Philip Kaufman en 1978 avec l'inquiétant Donald Sutherland et le très beau *Body Snatchers* (le vrai titre anglais du roman et du premier film) d'Abel Ferrara en 1993. On peut parler de films du même genre avec *The Thing* de John Carpenter (1982) et *The Faculty* de Robert Rodriguez (1999).

Le Village des damnés de Wolf Rilla (1960), douze enfants naissent de femmes dont certaines sont vierges après que le village fut isolé du reste du monde. Ces enfants terrifiants veulent la perte de l'humanité. Une suite de Anton M. Leader *Children of the damned* en 1964 et, en 1995, un magnifique remake, *Le Village des damnés* de John Carpenter, où la même histoire est traitée à sa manière : ironiquement terrifiante.

La Planète des vampires de Mario Bava (1965)

Autre titre traduit directement de l'italien : Terreur dans l'espace.

Ce film est un grand classique. On en a beaucoup parlé en disant que c'est lui qui avait inspiré le scénariste O'Bannon pour le film ***Alien, le 8ᵉ passager***...

Il a évidemment son côté ringard, daté, mais c'est vraiment accessoire : un poste de pilotage extrêmement spacieux, des cosmonautes dans des combinaisons très inconfortables avec de gros gants.

Un signal de détresse provenant d'une planète isolée parvient au vaisseau spatial qui effectue un atterrissage forcé sur un monde étrange. Plusieurs membres d'équipage semblent passagèrement possédés, agressifs, puis ne se souviennent de rien...

Ils sont victimes d'un vampirisme psychique. Leurs corps sont « habités », psychiquement, mais aussi physiquement, même après leur mort !

Ils trouvent un très ancien vaisseau extraterrestre échoué là depuis des siècles.

Les extraterrestres de la planète ne peuvent survivre que grâce aux corps des humains.

Bava réalise un exploit, comme toujours, en obtenant des effets spéciaux superbes avec quasiment aucun moyen ! Il utilise les reflets dans les miroirs, les cadrages étroits avec un

objet, les peintures sur vitre et... la polenta !
Un très grand ce Mario Bava !

Évidemment, on reconnaît là le scénario du film *Alien.*

Mais pas seulement, on reconnaît aussi le thème du roman et des films *Body Snatchers.*

L'invasion des profanateurs de sépultures de Don Siegel (1956) et ***L'invasion des profanateurs*** de Philip Kaufman (1978) ainsi que ***Body Snatchers*** d'Abel Ferrara (1993). Ces trois films sont tirés du roman *Body Snatchers* de Jack Finney (1954), qui avait été accusé d'anticommunisme, car on faisait le rapprochement entre les extraterrestres qui envahissent l'esprit et le corps des humains avec l'idéologie communiste... Il est possible que le scénariste américain du film de Mario Bava se soit inspiré de ce roman de Finney...

Le supplément avec Alain Petit qui nous régale comme toujours avec son érudition sur le cinéma Bis populaire...

The Thing (1982)   Remake de « La chose d'un autre monde » (1951) de Christian Nyby, tiré d'une nouvelle de John W. Campbell *La Bête d'un autre monde* (1938). Lieu clos, une station polaire. Un chien amène la chose qui investit les corps et prend leur forme. Quels imbéciles ces scientifiques de croire le chien et pas le scientifique norvégien qui le poursuit ! C'est ce dernier qu'ils ont tué ! On ne quitte pas l'écran des yeux une seule seconde...

Blade Runner de Ridley Scott (1982), les répliants, nouvelles créatures produites par l'homme ne peuvent vivre que quelques années. Ils sont utilisés comme main-d'œuvre dans les mines des autres planètes. Certains s'évadent et réclament le droit de vivre, car ils sont vraiment humains. Le blade-runner est l'agent qui est chargé de les poursuivre et de les éliminer. Dans le Los Angeles du futur, la chasse au répliquant est sans pitié. À la fin un répliquant sauvera la vie du blade-runner qui se demandera encore plus, du coup, s'il en est un lui aussi (de répliquant). Il y a deux versions. Dans la première, cette question ne se pose pas et le blade-runner file le parfait amour avec le répliquant femelle... Harrison Ford joue le rôle du blade-runner et Rutger Hauer interprète le fameux Batty, répliquant charismatique. Où est le bien et le mal ? Qui ose donner et prendre la vie ?

Total Recall de Paul Verhœven (1990), toute l'atmosphère de P. K. Dick dans ce beau film qui mélange rêve et réalité.... Très bons effets spéciaux et gentils mutants luttant pour la liberté (pour une fois que ce n'est pas le contraire !) sur Mars.

Body Snatchers d'Abel Ferrara (1993). Superbe adaptation du roman homonyme de Jack Finney (1954) par un réalisateur hors norme. Il est curieux que les précédentes adaptations de ce roman ont eu pour titre en français : *L'invasion des profanateurs de sépulture* (!) (1956 de Don Siegel) et *L'invasion des profanateurs* (1978 de Philip Kauffman)...

Les Maîtres du monde de Stuart Orme (1994), des extraterrestres montent sur le dos des gens, pénètrent leur cerveau pour en faire des *Marionnettes humaines* (Titre du roman de R. A. Heinlein dont est tiré le film). Coktail de reprises d'autres films : l'œuf d' *Alien*, l'acteur (Donald Sutherland) et les zombies de *L'invasion des profanateurs de sépulture,* etc.

Le Village des damnés de John Carpenter (1995), voir le même titre en 1960. Excellent remake ! John Carpenter réussit à ajouter de l'horreur à l'horreur...

Planète hurlante de Christian Duguay (1996), la nouvelle espèce créée par l'homme et qu'il ne domine plus, les « *Épées mobiles autonomes* » (EMA) citent Shakespeare en tuant. « *On ne peut plus se fier aux apparences* » déclare le héros du film. Les pierres ne sont pas des pierres, mais des animaux ; les enfants ne sont pas des enfants (rapprochement avec *Le Village des damnés* et *La Nuit des morts-vivants*) ; les soldats ne sont pas des soldats ; la fille n'est pas une fille... ce sont des modèles 3 et 2 des EMA. L'obsession de Philip K. Dick que la réalité n'est pas ce qu'elle est, obsession qui parcourt toute son œuvre et notamment la nouvelle qui a inspiré ce film (*Second Variety*) est parfaitement rendue. La guerre entre le Nouveau Bloc Économique et l'alliance a enfanté une espèce cruelle qui ne manque pas d'humour noir...

Nirvana de Gabriele Salvatores (1997), les cinéastes italiens se sont fait une solide réputation dans la reprise des thèmes du cinéma américain, thèmes qu'ils ont parfois enrichis et développés avec beaucoup d'originalité. Ce fut le cas du western dit "spaghetti" et des films d'horreur, notamment des histoires gore et de morts-vivants. Dans le domaine de l'horreur, ils ont su, avec des cinéastes comme Dario Argento, notamment, prendre une voie originale. Cela n'a jamais été le cas pour le cinéma de science-fiction. Dans ce domaine-là, les Américains semblaient imbattables. Eh bien non ! Avec *Nirvana*, les Italiens semblent vouloir suivre la même voie que pour les films d'horreur : le dépassement du système américain de traitement cinématographique du thème. L'Italien Gabriele Salvatores s'inspire ouvertement du grand écrivain américain de science-fiction, Philip K. Dick et s'appuie sur les images et le scénario du film *Blade Runner*(1982), de Ridley Scott, adaptation de la nouvelle de Philip K. Dick *Les Androïdes rêvent-ils de moutons électriques ?* Et ce diable

65

d'Italien invente vraiment quelque chose de nouveau ! Dick s'est toujours demandé si le monde dans lequel nous vivions était bien réel ! Et c'est de cette question que traite toute son œuvre. Mais chez lui, c'est plus une question psychiatrique que philosophique. Il exprime ainsi dans ses écrits un profond humanisme. De monde virtuel, il en est question dans *Nirvana*. Ici, ce n'est pas le Los Angeles de *Blade Runner*, mais peut-être Milan, une vaste métropole, véritable tour de Babel dans laquelle les hommes cherchent à se comprendre. Pour cela, ils essaient de se *connecter*, au sens informatique du terme. Drogues diverses (et P. K. Dick en avait essayé beaucoup...), interface entre la chair et la machine (un des personnages a vendu ses yeux pour vivre et s'est fait greffer des objectifs en noir et blanc...), entre l'électronique et le système nerveux, virtuel vivant et réel mort : les personnages ne savent plus s'ils sont réels ou inventés par le monstrueux système de domination des multinationales de l'informatique. Les gros plans alternent avec des cadrages et des perspectives qui donnent à penser à l'image virtuelle des jeux vidéo. Lorsque les personnages vivants sont ceux du jeu, les couleurs changent sans cesse : surtout le rouge à lèvres de Maria qui devient vert et sa robe moulante qui passe du jaune au violet, etc. La maladie mentale devient une partie de plaisir et la fille aux cheveux bleus veut « *Changer le monde* » ! Mais ne vous y trompez pas, il ne s'agit pas d'un changement politique ou économique. Il s'agit d'un changement *intérieur,* car le monde existe-t-il réellement en dehors de nous ? D'ailleurs cette fille a perdu tous ses souvenirs. Elle pourra assimiler ceux de Lisa, morte depuis longtemps, grâce à un système greffé à son cerveau.... « *Les morts aiment regarder les vivants les pleurer* », déclare Solo, le personnage du jeu qui est devenu réel à cause d'un virus informatique... Ici, dans le monde réel, il neige, nous sommes en décembre, là-bas, dans *Nirvana*, il tombe des confettis....

Men in Black de Barry Sonnenfeld (1997), est tiré d'un comic book (BD bon marché...) Marvel signé Lowel Cunningham dont Sonnenfeld a retiré le côté sombre et violent – dommage. La scène de la libellule du générique qui s'écrase sur le pare-brise de la voiture des immigrés clandestins est formidable. Le film accumule les types d'extraterrestres dont je tente ici de donner une liste : un gros monstre genre gastéropode, un autre qui grimpe aux murs (mais on ne voit que son apparence humaine, on l'appelle le céphalopoïde), un qui a la tête qui repousse quand on lui a arrachée, des espèces de sauterelles-grenouilles qui boivent du café, une espèce d'anémone de mer avec plein de doigts pour pianoter sur un tableau de commande et un œil, un calamar nouveau-né, une « bestiole » (un monstrueux cafard), un chien, un petit extraterrestre au crâne disproportionné qui pilote un faux corps humain dans la tête de ce dernier, et... Michael Jackson *(« pas très réussi »,* dit l'héroïne)... Autrement, quelques références cinématographiques comme celle de la série *Les Envahisseurs* par cette phrase d'un protagoniste : « *Un jeune type qui cherchait une route et que jamais il ne trouva* », et littéraire *Le Père truqué* de Philip K. Dick (encore lui !) ou, si vous préférez, *La Couleur tombée du ciel* de Lovecraft, toujours imitée... Évidemment, seule une élite peut « *savoir »,* il faut laisser croire aux gens qu'ils ont de « *l'emprise sur les choses* » puisque le service des Men in Black a le devoir de « *mentir au peuple si on veut qu'il vive heureux...* » C'est pas un peu fasciste ça ? D'ailleurs notre univers ne vaut pas une chique ! Oh ! Pardon, pas une bille ! ... Le chanteur de rap Will Smith (que nous avons déjà vu dans *Independence Day*) est assez mauvais acteur, je le préfère chanteur dans son clip sur le film...

The X-Files de Rob Bowman (1998). Dans ce film, on n'a rien inventé dans le domaine de la mythologie du fantastique. C'est même du pillage – ouvertement avoué d'ailleurs – de films comme *La Chose d'un autre monde* et *The Thing*, *Alien* et *L'Invasion des profanateurs de sépulture*.

On y retrouve donc bien ses petits. Tout est fait pour réunir devant l'écran des millions d'initiés à la série télé. Le plaisir vient de là : on peut avoir l'impression d'une certaine communion devant toutes les références à l'ensemble de la série depuis le premier épisode... Cette complicité ironique passe par exemple par la scène où Mulder urine contre une affiche d'*Independence Day*... celle où Scully autopsie, celle où ils devaient s'embrasser, mais une abeille mutante a interrompu l'action en piquant la jeune femme, celle où le garçon ne croit pas que Fox soit du FBI, car il a « *un look de voyageur de commerce* », celle où Mulder parle du complot et où, quand son interlocuteur (joué par le magnifique Martin Landau) lui demande ce qu'il a vu, il répond : « *On a vu des abeilles et des champs de maïs* », celle de la fausse mort de Mulder... Cette complicité passe aussi par les affaires de famille de Mulder (et Scully ? Pour le prochain film peut-être...). Autrement, il y a de très beaux effets spéciaux, et, comme la mode le veut, le vaisseau spatial est très... gothique.

Dark City de Alex Proyas (1998). Le réalisateur de *The Crow* (1993) nous offre de nouveau de très belles images. Cette fois, le scénario est à la hauteur de son art. C'est vraiment du cinéma du troisième millénaire. Les effets spéciaux sont entièrement au service de l'histoire et font de la ville le personnage principal du film, comme personne ne l'avait réalisé auparavant. Dark City : une ville dont les composantes semblent dater d'époques différentes, une New York mélangée avec Gotham City. Personne n'y voit jamais le jour. La nuit est sans étoiles et la mémoire des hommes est vide bien qu'ils croient en avoir une. Mais questionnez-les précisément : ils seront incapables de vous raconter quelque chose de précis. Dans *La Cité des enfants perdus* (1994) de Caro et Jeunet c'étaient les rêves qui manquaient. Ici, les *Étrangers*, êtres carapacés de cuir ressemblant à des fourmis ne savent pas ce que c'est qu'être un individu. Alors, avec leur pensée collective, ils étudient les hommes et chaque nuit (mais n'oublions pas qu'il n'y a pas de jour) ils changent la ville par « *Synthonisation* » (je ne sais pas si c'est la bonne orthographe). En faisant cela, ils construisent eux-mêmes la route qui les conduira à leur perte en expérimentant la recherche de « *Shell Beach* » au travers du héros de l'histoire. Ils vont contribuer à lui donner le même pouvoir qu'eux, et en plus, ils n'aiment pas l'eau (allez savoir pourquoi...) John donc, est un petit surdoué qui possède les mêmes pouvoirs que les « *Étrangers* ». Il résistera au suicide contrairement à ce pauvre inspecteur Walinski qui ne supporte plus cette folie, car il est un de ceux qui ont assisté aux transformations de la ville. Dark City est un grand centre spatial d'expérimentation. La réalité y est devenue insaisissable. Le grand écrivain américain P. K. Dick se serait certainement volontiers reconnu dans cette histoire, car le réel n'y est que le fruit de la pensée collective des *Étrangers*. Là aussi, Clive Barker a laissé son influence avec ses tenues de cuir, ses grandes machineries médiévales. Ainsi que les décors sombres de Gotham City du *Batman* (1989) de Tim Burton. À la fin, Dark City est remodelée par John Murdock en un monde plat que les êtres humains du Moyen Âge croyaient comme le réel... Et au-delà de la mer ?...

Nous avons affaire à une science-fiction hautement philosophique qui pose la question de la réalité. Existe-t-elle vraiment en dehors de notre conscience ? La réponse est non en ce qui concerne Dark City. La ville n'est que le fruit de la pensée des « *Étrangers* », pensée mutée en énergie de transformation par leurs machines "souterraines". Mais, alors, ces machines sont-elles également réelles ? À partir de quelle pensée sont-elles créées ? Voilà qui est bien hégélien (de la pensée de Hegel, grand philosophe allemand) : la matière n'est que la négation de l'Idée, qui est elle-même la négation de la matière... Pour toutes ces raisons, ce très beau film méritait une fin plus ouverte, plus philosophique justement, à la manière de *2001 L'odyssée de l'espace* (1968) de Stanley Kubrick, par exemple.

En salle j'ai eu une expérience étonnante en regardant ce film : à la moitié de la séance, soudain, les paroles devinrent incompréhensibles et les personnages se tenaient tous la tête en bas !!! Le mystère, jusque-là assez épais, devenait alors incroyable ! Finalement le film s'arrêta, les lumières s'allumèrent et on nous annonça que la deuxième bobine avait été raccordée à l'envers... Ouf...

The Faculty de Robert Rodriguez (1998). Robert Rodriguez m'avait franchement plus dans *Une Nuit en enfer* (1995). Là aussi il me plaît en tant que cinéaste non complexé de ne pas faire de chef-d'œuvre. Ce qui me déplaît franchement c'est le scénario. Là, je trouve que Kevin Williamson se fiche du spectateur. Il a tellement honte, qu'il fait dire à une "spécialiste" de science-fiction (une étudiante qui en lit) que ce qui se passe c'est comme dans *Body Snatchers*, ou, si vous préférez, *l'invasion des profanateurs de sépulture*. Mais là il ne montre pas vraiment sa culture dans ce domaine quand il fait dire à ce même personnage que Jack Finney, l'auteur du livre *Body Snatchers* a copié sur *Les Maîtres du monde* de Robert Heinlein. D'abord, ce dernier titre est le titre du film adapté, le titre français du livre est *Marionnettes humaines*. D'autre part, il ne sait même pas que Jack Finney a plutôt copié Philip K. Dick avec sa nouvelle *Le Père truqué*. Tout est pompé et pillé. Je ne vous ferais pas la liste des pillages cinématographiques, mais cela va jusqu'à la plus célèbre scène de *Blue Velvet* de David Lynch. Le procédé de *Scream*, qui consiste à bourrer le film de références ne fonctionne pas ici, car la culture de Kevin est ici nulle !

Passé Virtuel de Josef Rusnak (1999). Très bon film. Si vous avez réussi à le voir, vous avez de la chance, car il a été rarement distribué ! Du vrai virtuel, comme celui qu'on a dans la tête. Un vrai nouveau film avec de très bons acteurs même s'ils ne sont pas très connus, et pas d'explication didactique comme, celle, par exemple, de *Dark City* à la fin. Une très bonne reconstitution de l'année 1937. Surveillez les ventes ou locations vidéo et les programmes télé !

Matrix (La Matrice) de Larry & Andy Wachowski (1999). Ce film est une anthologie des trucages cinématographiques. Superbe ! Une photo magnifique également (Bill Pope). Il y a aussi des plans gothiques, notamment sur la hauteur et la vétusté des immeubles, l'obscurité. C'est grâce à l'informatique, aux pirates informatiques, que certains vont découvrir la nature exacte de notre civilisation... Qu'est-ce que la Matrice ? Si tu veux le savoir suit le lapin blanc comme Alice qui l'a suivi et a trouvé le pays des merveilles... Rêve, cauchemar, réalité ? Qu'est-ce que le réel, quelle est la définition du réel ? Ainsi, le spectateur peut voir le monde sur l'écran d'un vétuste poste de télévision Radiola ! En réalité nous ne sommes plus que des légumes pour nourrir les Machines ! Les êtres humains sont des piles ! et la Matrice crée l'illusion de notre monde. Stefan Wul avait déjà inventé cela dans *Oms en série* dont on a d'ailleurs fait un dessin animé. Ensuite, il y a quelques leçons de maîtrise de soi : *« On n'est pas le meilleur quand on le croit, mais quand on le sait. »* C'est très bon aussi la scène avec la prédiction : *« L'auriez-vous fait si je ne vous en avais pas parlé ? »* dit le médium au héros après l'avoir averti qu'il allait casser un vase... Ce médium est un oracle sous la forme d'une charmante vieille dame séduisante au possible. Une vision technologique de l'Ancien Testament déjà vue avec *Terminator* : les humains sont la peste et les Machines sont l'antidote. Les combats forment de magnifiques chorégraphies. Le contrechamp avec les douilles qui tombent est vraiment novateur. Le feu au ralenti, comment ils évitent les balles... John Woo n'a qu'à bien se tenir ! *Mission impossible* est mille fois battu ! Et puis il y a les chansons de Rob Zombie et Marilyn Manson ! (Voir plus loin les suites de la trilogie)

Pitch Black de David Twohy (2000). N'avez-vous jamais eu peur dans le noir ? Cette peur qui vous prend à cause de votre imagination, parce que vous imaginez être agressé et sans défense. Voilà le thème central du film qui présente un superbe système solaire avec trois soleils, donc il fait toujours jour... Mais, la nuit survient tous les vingt-deux ans, car il se produit alors une éclipse des trois soleils... Ce qui a produit une niche écologique particulière qui a fini par détruire toute vie sur la planète ! Les naufragés qui y atterrissent par accident (très bien filmé l'accident !) vont vite s'en rendre compte... Le scénario ressemble aussi à *Cube* : il faut aux personnages beaucoup d'intelligence pour comprendre, et l'évolution de l'intrigue montre la vraie nature des personnages qui n'était pas évidente au vu de leur attitude et de leur situation au début du film. *« Je vous l'avais dit : ce n'est pas de moi qu'il faut avoir peur »,* déclare ainsi le personnage principal... Il y a donc un peu de Dick aussi, car, il ne faut pas se fier aux apparences... On a droit à un magnifique spectacle : celui de l'éclipse. Voir plus loin la suite.

Avalon de Mamoru Oshii (2000). Excellent film ! Une photo extraordinaire. Une musique fantastique interprétée par l'orchestre philharmonique de Varsovie et des chants par les chœurs de Pologne. On reste jusqu'au bout du générique de fin pour écouter. Des plans extraordinaires, un cadrage formidable, un montage fabuleux… Des ordinateurs envoûtants dont les claviers claquent de contentement. Bien mieux que *Matrix* et légèrement supérieur à *Existenz* de Cronenberg. De la SF postmoderne dont Dick fut le précurseur : « Le monde réel existe-t-il ? » Y en aurait-il plusieurs ? Et puis des tas de clins d'œil pour les joueurs... Une ambiance proche du film *Stalker* de Tarkovski, dans lequel il s'agissait aussi d'une quête au travers d'un jeu. On retrouve les chars russes de l'invasion de Varsovie. La vie et la guerre ne seraient-elles qu'un jeu ? Et surtout l'Histoire ? Avec un grand H. Si on est bon, le paradis nous attend : *« Bienvenue à Avalon ! »* Ce film méritait bien plus de salles qu'il n'en a eues... !!!

Impostor de Gary Fleder (2001), raconte une histoire très Dickienne (inspirée d'une nouvelle de l'auteur : *L'imposteur* 1953) : le héros ne sait jamais qui il est, même si les représentants de la société totalitaire dans laquelle il vit lui disent qu'il n'est pas ce qu'il croit être. Un film convenable. Je regrette un peu qu'une fois de plus, le cinéma n'utilise qu'un thème de l'œuvre de Dick, celui de la schizophrénie.

Men in Black 2 de Barry Sonnenfeld (2002). Sera-t-il aussi hilarant que le « un »? (Question posée le 22 juillet 2002 avant la sortie en France...) Eh bien après l'avoir vu je peux dire : non ! On n'est plus surpris comme dans le premier, alors on s'amuse moins. Sonnen-feld a joué la sécurité.

Minority report de Steven Spielberg (2002). Quelle déception ! Ce film est une véritable trahison du monde de Dick. Et ce ne sont pas les allusions éphémères qui le rétabli-ront comme l'aveugle qui fournit la dope à John Anderton... Le prologue est profondément ennuyeux, les décors d'un pseudo modernisme niais et on se meurt d'ennui avec leurs expli-cations utilisant des termes pseudo scienti-fiques. Les gants à rayons lumineux qui rem-placent la souris de l'ordinateur ne sont pas mieux inspirés. Les trois précognitifs (précogs) dans la nouvelle de Dick sont « *des créatures bafouillantes et gauches (...) véritables lé-gumes ils se contentaient de bredouiller, de sommeiller (...) avec leur tête aux proportions anormales et leur corps au contraire tout rata-tiné...* » Rien à voir avec les beaux corps des précogs du film dont l'un d'entre eux devient un véritable personnage ! Pire même, pour rendre ce film acceptable à tous les publics le réalisateur a tout rendu plus acceptable et donc on est loin du sombre monde désespéré de Dick. Ainsi la scène du chirurgien qui se veut la plus dickienne du film est bien télé-phonée. Les flics avec des réacteurs au cul sont ridicules. J'ai même noté une erreur de plan : lorsque John discute avec son chef, le plan qui le présente de face est à contre-jour (donc l'éclairage est derrière lui et devrait éclairer son interlocuteur) alors que le plan présentant son chef est dans l'obscurité ! Spielberg a appelé au secours Kubrick et Hitchcock pour ce film. Non, décidément ces deux-là ne méritaient pas ça !

Autres films (bien meilleurs) inspirés de l'œuvre de Philip Kindred Dick : *Blade Runner* de Ridley Scott (Dick a collaboré avec Ridley Scott pour ce chef-d'œuvre) (1981) – *Total Recall* de Paul Verhœven (1990) (Excellent !) – *Planète hurlante* de Christophe Gans (1995) (Très injustement méconnu !!!) – Et un film français tiré d'un roman *main stream* de Dick : *Confessions d'un Barjo* de Jérôme Boivin (1991) – *Impostor* de Gary Fleder (2001) – *Paycheck* de John Woo (2003) – Et enfin une série télé qui ne casse pas trois pattes à un canard : *Total Recall 2070* (plutôt inspirée de Blade Runner...) (1998 je crois)

Cypher de Vicenzo Natali (2002). Natali semble aimer les labyrinthes. En voici un autre qu'il fait parcourir au spectateur dans une image très désagréable. Un histoire dickienne qui n'a rien inventé depuis P. K .Dick : un seul homme et différentes personnalités artificielles en couches successives. On s'ennuie un peu. On est un peu étonné à la fin. Il y a peu d'intérêt...

2009 Lost Memories de Si-Myung Lee (2002). Prix du public Gerardmer 2003. Un film coréen. Une uchronie à la Philip K. Dick. En 1909 le gouverneur japonais de la Corée est assassiné. Cela entraîne d'étranges réactions dans l'histoire. Le Japon devient l'allié des États-Unis. La bombe atomique n'est pas larguée sur le Japon, mais sur Berlin. La Corée a été intégrée au Grand Japon. Elle n'existe plus en tant que pays. Il y a du *Blade Runner* dans ce film, mais aussi du *Maître du haut château*[12] et encore du *Armée des 12 singes* et, pourquoi pas... du *Terminator*.

Un objet archéologique permet les voyages dans le temps : un croissant de lune en pierre. C'est en réalité un couteau de sacrifice. L'âme de la Lune est la clé du temps... Pour retrouver la Corée il faut revenir à 1909... Ce film est très lent, mais très beau. Le bonus DVD est exceptionnel : le réalisateur, interviewé explique pourquoi il n'est pas content de son film ! Unique...

Paycheck de John Woo (2003). Un joli film d'action à partir de la nouvelle homonyme de P. K. Dick. John Woo a réalisé ce film alors qu'il *« n'a jamais lu de roman de K. Dick »* (Interview dans Sfmag N° 42 mars 2004) Il a également déclaré à propos de son film : *« J'avais l'occasion de jouer avec le destin d'un*

---

[12] Roman « uchronique » de Philip K. Dick

homme, et en plus de lui donner une histoire d'amour qui voyage dans le temps, et qui constitue le seul élément qui ne soit pas perdu » (Idem)

Matrix Reloaded de Larry et Andy Wachowski (2003). Une transition entre *Matrix* et *Revolutions* avec beaucoup de remplissage. Mais la photo de Bill Pope est toujours aussi sublime ! Mr Anderson (Neo) opte pour la soutane et se prend pour Superman. La fête de Sion est chiante, la conversation entre Neo et le conseiller ennuie, les combats n'étonnent plus, la conversation avec l'Oracle est pitoyable, la conversation avec Smith's n'en parlons pas (!), la conversation avec le Français est creuse... Et puis... il y a la course poursuite époustouflante, je répète époustouflante ! Mais même la conversation avec l'architecte est relativement inepte. Et pour finir, l'Élu fait un miracle, il ressuscite... Trinity (avec un nom pareil, ça ne m'étonne pas !)

Matrix Revolutions de Larry et Andy Wachowski (2003). Le scénario et particulièrement les dialogues de cette trilogie ***Matrix*** sont écrits comme un manuel d'alchimie. Les dialogues comprennent le verbe « savoir » conjugué à tous les temps et un nombre incalculable de fois. « Le Grand Œuvre est un moyen pour comprendre le monde » écrit Léon Gineste dans *L'alchimie expliquée par son* *langage.* Le langage est hermétique, exclusivement pour initiés, et le tour de force des frères Wachowski est d'avoir initié un nombre incalculable de spectateurs qui se sentent tous complices de ce Grand Œuvre… (Voir ma critique du premier volet plus haut en 1999…) Cette troisième partie nous offre une longue scène de guerre qui est un hommage aux films de guerre américains des années cinquante (guerre contre le Japon et guerre de Corée particulièrement).

Equilibrium de Kurt Wimmer (2003). Des types avec la même soutane que dans Matrix 2… Un message de liberté de la création et des images aux couleurs très symboliques… Il tire plus vite que son ombre, il est meilleur que Blondin dans le *Bon, la brute, le truand*. Une société totalitaire qui interdit tout sentiment et qui drogue le peuple pour l'aider à ne pas en avoir de sentiments. L'ecclésiaste, commissaire politique du « Père » se retournera contre la société et la mettra à bas. Mais que feront-ils de leur révolution ? Excellent film.

Night Watch (Nochnoj dozer) de Timur Bekmambetov (2004). Film fantastique russe ce film tient ses promesses. Une histoire de bien et de mal non théologique, un cinéaste à la caméra audacieuse, un jeu d'acteurs privilégiant la situation plutôt que la psychologie du personnage, cette psychologie n'étant pas absente puisque le spectateur est invité à réfléchir sur elle en fonction de la réaction des personnages. Un excellent film, avec toute une recherche de nouveaux plans, de nouvelles manières de filmer. Cette nouvelle manière de filmer semble se retrouver chez d'autres cinéastes, notamment français, constituant peut-être une nouvelle école ou tendance. J'ai nommé Jan Kounen et Pitof...

Natural City de Min Beyond-cheon (2005)

Un film sur un futur apocalyptique, avec un paysage urbain, la ville de Blade Runner, et le thème dérivé de ce film : comment un être humain chasseur de cyborgs lutte pour donner la vie à son cyborg féminin. Les images sont sombres et expressionnistes. Les comédiens ne sont pas terribles. Le récit manque de fluidité et les filles sont superbes. Les humains se révèlent moins humains que les cyborgs, ces derniers ont des capacités physiques stupéfiantes et font des bonds comme dans Matrix. Les dialogues sont si épurés que la plupart du temps inutiles à la compréhension du film. Les sentiments sont montrés par l'image et les mimiques des acteurs (ce qui donne cette impression de jeu bizarre des comédiens). Le son et les images créent l'atmosphère, et il faut se creuser un peu la tête pour comprendre.

Un film étonnant, qui sort de nos habitudes, un film extraordinaire à voir et revoir tellement il est inépuisable… Le DVD propose des bonus excellents avec le réalisateur et comment il a utilisé des décors urbains naturels traités par ordinateur…

Avec le DVD il y a un livret sur la SF asiatique.

The Fountain de Darren Aronofsky (2006)

C'est un film sur la mort. Mais ce n'est pas un film macabre, c'est un film ultra romantique, sur l'amour et la mort, car c'est dans la mort seule que l'amour est éternel....

Le prologue montre une bataille entre des conquistadors et des Mayas dans un pays de ce qui sera l'Amérique latine. Nous apprendrons plus tard, au détour d'une conversation qu'il s'agit du Guatemala.

Puis on passe à une scène d'anticipation puis on vient à l'époque contemporaine.

En quelques images très belles et très absorbantes, le réalisateur nous présente un résumé du cycle du film.

Mais ne croyez pas être quitte en pensant voir tout vu. Car à ce stade du film on n'a encore rien vu !

Celle qui va mourir nous dit, dans une autre vie : « La Genèse parle bien de deux arbres dans le jardin d'Eden : l'arbre de la connaissance et l'arbre de vie ». C'est la recherche, la quête de ce deuxième arbre que nous raconte le film. La motivation de cette quête sera la mort de la bien-aimée.

Ce film est un chef-d'oeuvre.

Darren Aronofsky s'est donné beaucoup de mal pour créer un film nouveau, avec plein d'inventions artistiques et des plans audacieux.

Voici quelques exemples : gros plans (très gros plans) sur les visages, et même la peau avec la naissance des cheveux – images tête en bas, surprenante pour l'arrivée d'une voiture dans une route nocturne éclairée par des luminaires, mais aussi pour une chevauchée du cavalier qui va vers la reine d'Espagne, puis la caméra pivote et montre le véhicule (ou le cavalier) s'éloigner vers son but (extraordinaire, il fallait y penser et l'oser) – plan plongeant à la verticale sur la reine et le conquistador, qui écrase les personnages sous leur destin – l'ombre sur les escaliers de l'homme qui les gravit, prise également dans un plan plongeant à la verticale (scène à relier avec celle dans laquelle la reine déclare : « Même l'ombre la plus noire est conquise par la lumière du jour... ») – travelling sur le héros avec un son étouffé, pour montrer sa coupure avec le réel et puis l'explosion des sons quand il prend conscience de la réalité – plan rapproché sur la structure du revêtement mural de l'ascenseur qui montre comme une croisée des chemins – fabrication du tatouage en très gros plan avec le sang qui coule - ...

Vous l'avez compris, le récit n'est pas linéaire, c'est vrai, mais le spectateur est guidé par de véritables créations cinématographiques !

Ceux à qui cela a échappé passent à côté du film....

« La Mort est la voie de l'éblouissement ! » annonce le grand prêtre de l'arbre de vie au conquistador. La Mort est un acte de création, déclare-t-on aussi dans le film, et non une maladie comme l'affirme Tommy le docteur...

Pour le comprendre, il suffit de ne pas avoir peur...

La Mort est la création de la vie même, comme cet arbre de vie qui a poussé dans le ventre de l'homme... car « le sang des morts nourrit la Terre »....

Half Light de Graig Rosenberg (2006)

Des gens habitant au bord d'un canal et laissent leur petit garçon sans surveillance (!)

Et ce phare ? Elle se réfugie dans une maison isolée, mais un peu plus loin se trouve une île avec un phare et... un jeune gardien.

Mais la présence est insistante de la culpabilité de la mort de l'enfant... Et la hantise.

Est-ce une fausse histoire de fantôme ? Un coup monté ? Par qui ?

Non ! Il y a vraiment un fantôme !

Déjà vu de Tony Scott (2006)

Un film de voyage dans le temps, un voyage très court de quelques jours dans le passé...

Un flic tombe amoureux d'un cadavre et veut revoir la fille vivante.

Hein ? C'est un peu con ?

Ouais... mais c'est tourné par Tony Scott... Et c'est génial.

Le générique est superbe. Gros plans sur les visages des passagers qui embarquent sur le ferry, rayonnant de bonheur, car ils vont à une fête. Ces plans sur les gens sont superbes, sublimes même...

On comprend qu'un drame va survenir...

Cela se passe à La Nouvelle-Orléans... Après le cyclone...

Tout au long du film, Scott va cultiver ces gros plans sur les visages, gros plans combinés à des travellings et panoramiques, à des vues d'une grue ou d'un hélicoptère, afin de montrer une histoire très humaine. L'ensemble de l'oeuvre est superbement filmé avec des mouvements de caméra gracieux, une vraie chorégraphie. Les acteurs sont excellents.

Quelques détails de scénario rendent l'histoire crédible et même passionnante, comme, par exemple, le téléphone portable qui sonne à l'intérieur du sac qui emballe un mort... Il y a aussi les discours scientifiques à base de mécanique quantique avec des citations de savants du domaine : Bose-Einstein, Wheeler... Lors de ces conversations, ils échafaudent une théorie de voyage dans le passé, mais limité à quatre jours et des poussières. Ils utilisent ce qu'on appelle des « trous de ver », des passages dus à ce qu'on appelle en mécanique quantique, « l'effet tunnel »...

La course poursuite qui se déroule à la fois dans le présent, mais aussi dans un proche passé (ce qui est assez original) est haletante.

Vous l'avez compris c'est une histoire de voyage dans le temps. Et ici les différents chemins temporels, embranchements du temps, ne sont pas indépendants... Ce qui produit sur le plan du scénario les « trucs » malins des récits de voyage dans le temps, comme les restes d'un passage d'un personnage dans un endroit lors d'un autre embranchement du temps... Un personnage qui sait et l'autre qui ne sait pas, etc.

Et le fait que les héros de cette histoire visualisent sur un grand écran le passé proche est aussi une allégorie sur le voyeurisme du cinéma, car, quand la fille se douche sans savoir qu'elle est « filmée », une autre fille, spectatrice, qui participe à cette expérience proteste en disant que cette « prise de vue » n'apporte rien à l'enquête...

La question philosophique posée par ce film (car il y en a une) est : s'agit-il de la flèche du temps (conception physique du déroulement temporel) ou du destin (conception spirituelle du déroulement du temps) ?

Au spectateur de faire son choix.

Altered d'Eduardo Sanchez (2006)

Mal joué, mal filmé, ça ne tient pas vraiment debout.

Mais on s'y fait et on tient le fil du film.

Une bande de cons chassent un E.T. dans la forêt et le capturent.

Mais ses copains rôdent dans le coin. Gare !

Les chasseurs font allusion à des événements passés. Ils amènent l'E.T. chez un ami qui semble être au courant de beaucoup de choses...

Le monstre n'est pas trop mal.

Vous voyez le genre du film ?

The Invisible de David S. Goyer (2006)

Des petits jeunes révoltés en manque d'autorité ou qui en subissent trop. Enfin, ceux qui sont en manque de père, qu'ils soient riches ou pauvres... Il y en a un qui est tué et son fantôme reste. Il est présent, assiste à tout, mais personne ne le voit. Il ne traverse pas les murs, ça permet d'économiser les effets spéciaux. Si vous vous ennuyez, tenez le coup une heure, car ensuite ça devient intéressant.

Le scénario est un peu tiré par les cheveux.

Day Watch de Timur Bekmambetov (2006)

La suite de *Night Watch* toujours aussi déjantée.

À la poursuite de la craie. Si ! si ! Il y a du Jean Cocteau dans ce film. On retrouve les mêmes personnages que le précédent, évidemment !

Qu'est-ce qu'on s'ennuie! Des dialogues ennuyeux avec de temps en temps une scène spectaculaire.

Tout cela à la recherche d'un morceau de craie.

Next de Lee Tamahori (2007)

Tiré d'une nouvelle de Philip Kindred Dick : **L'homme doré** ".

" **L'Homme doré** " ("The Golden Man", le titre du manuscrit de Dick étant "The God Who Runs" daté du 24 juin 1953) a été publié en 1954 in "If"... et en France par **J'ai Lu** en 1982 dans l'anthologie homonyme.

Voici ce qu'en dit Dick lui-même :

 « En écrivant **L'Homme doré***, je tenais pour ma part à montrer que 1) le mutant n'est pas forcément bon, du moins pour le reste de l'humanité, nous autres les "ordinaires" ; et 2) qu'il ne se comporte pas forcément en individu responsable, mais peut au contraire nous canarder comme un bandit, plus proche de la bête sauvage, susceptible de nous faire plus de mal que de bien. »*

Le film, lui de casse pas des barres sauf si on aime Nicolas Cage, ce qui n'est pas mon cas.

« C'est ça l'avenir. Chaque fois qu'on le regarde, il change. Parce qu'on l'a regardé. Et ça… Ça change tout le reste. »

Ce sont les quasi dernières paroles du film. Elles ressemblent au paradoxe du chat de Schrödinger en mécanique quantique… Philip

K. Dick connaissait-il cette expérience de pensée ?

On s'ennuie beaucoup au début avec cette histoire d'amour nunuche. Cris Johnson, alias Frank Cadillac, voit son avenir dans un délai de deux minutes seulement. Le FBI le traque, car il veut utiliser son pouvoir pour déjouer l'action de terroristes qui veulent faire sauter Los Angeles avec une bombe A. Du coup ces terroristes le recherchent aussi. Mais l'amour sera le plus fort...

À Scanner Darkly de Richard Linklater (2006)

Ce film est adapté du dernier roman de Philip K. Dick *Substance mort*, consacré à la drogue et aux drogués, sujet que connaissait fort bien Dick.

Il est entièrement tourné en images renumérisées, car le thème est la vision trompeuse du monde et des personnages. Cela donne un effet psychédélique tout à fait adapté à l'histoire.

Il est dommage que ce film n'ait pas eu un nombre de salles suffisant pour assurer son succès.

La substance "M" se consomme sous forme de petites gélules rouges. Elle ronge le cerveau de ceux qui en sont dépendants. « Nous vivons dans une culture de la dépendance », déclare un chef de la police. La compagnie New Path désintoxique les drogués... Elle a donc intérêt à ce qu'il en existe pour continuer à travailler... Un flic est un "infiltré" qui porte une tenue dite "brouillée", car cette tenue change constamment l'aspect de celui qui la porte. Cet infiltré, drogué, est chargé de se surveiller... lui-même ! Une histoire très schizophrénique, "une rivalité à l'intérieur du cerveau", c'est ce que crée la substance "M" explique un médecin de la police.

Du pur Philip K. Dick : les apparences sont trompeuses, la réalité n'est pas celle que l'on croit, un complot fantastique. Un film superbe avec une fin terrible.

Après avoir été tourné, le film a subi des retouches artistiques, en transformant les images en dessin (rotoscopie). Plusieurs artistes, à l'aide du logiciel Rotoshop, dont Linklater possède les droits, ont redessiné les personnages, les décors pour donner un effet « animation ».

Le film a été présenté en 2006 lors de la 59e édition du Festival de Cannes dans la sélection Un Certain Regard et au festival du film américain de Deauville.

Pas moins de cinq chansons de Radiohead accompagnent la bande originale du film créée par Graham Reynolds. Il s'agit de Fog, Pulk/Pull Revolving Doors, Skttrbrain (Four Tet Mix), The Amazing Sounds of Orgy, and Arpeggi(même si Pulk/Pull Revolving Doors et Arpeggi ne sont pas créditées). On peut également y entendre le titre Black Swan de Thom Yorke.

Invasion d'Oliver Hirschbiegel   (2007)
Don Siegel avait plus ou moins détourné les propos de l'écrivain Jack Finney en faisant de l'histoire une allégorie anticommuniste...
"Invasion" est un peu raté. Mais il mérite d'être vu.
Un peu raté parce que bâclé. On sent que quelque chose n'a pas fonctionné dans la fabrication du film.
La première demi-heure est ennuyeuse. Au lieu de montrer des images pour faire monter la tension et apporter des explications au spectateur, le cinéaste montre des dialogues assez conventionnels, on croirait une explication de textes... Et au milieu de tout cela, on nous montre des scènes de la vie quotidienne qui donnent envie de quitter la salle de cinéma comme par deux fois des gros plans sur le feu allumé d'une cuisinière à gaz...
Cette partie du film rend hommage à une nouvelle de Philip K . Dick *"Le Père truqué"*, le même genre d'histoire que "Body Snatchers" de Jack Finney, et je me suis toujours demandé si ce dernier ne s'est pas inspiré de Dick pour écrire son livre, car la nouvelle a été publiée avant le roman...
Nicole Kidman, toujours aussi bonne actrice, est beaucoup trop lisse, beaucoup trop couche moyenne ayant beaucoup à perdre pour

rendre crédibles son courage et son obstination.

Contrairement à l'histoire originale, ici (X-files et le complot est passé par là ! quand on sait que Joe Silver a produit ce film…) le gouvernement prend une lourde responsabilité de cacher l'invasion par un virus intelligent extraterrestre. On surfe sur la vague de la grippe aviaire et pour ceux qui n'auraient pas compris on insiste lourdement via des images d'infos à la télé sur l'Institut National de Veille Sanitaire (INVS) dont on parle beaucoup depuis quelque temps dans notre monde réel. Mais en fin de compte, contrairement à ce que dit le producteur, ici aussi nous avons affaire à une allégorie anticommuniste puisque Ben, lorsqu'il a été contaminé déclare : « Notre monde est un monde meilleur »… Autrement dit, ce virus c'est comme une idéologie… Il y a aussi une critique implicite des traitements psychiatriques (Le personne joué par Kidman est psychiatre) et un des contaminés ne se prive pas de faire remarquer à la psychiatre que ce qu'ils sont devenus n'est pas autre chose que ses malades traités par des anti psychotiques...

Ici, comme dans les précédents films, nos héros ne doivent pas s'endormir quand ils ont été infectés, mais les "infectés" vous dégueulent dessus pour vous contaminer. Ce n'est pas très élégant.

La manière de filmer est assez décalée puisque souvent (mais selon un rythme inexistant...) on nous montre des scènes anticipées. Cette répétition est déstabilisante.

Ce film est une nouvelle adaptation du livre "Body Snatchers" de Jack Finney (1954). Trois autres films ont adapté ce roman :

L'invasion des Profanateurs de sépulture de Don Siegel (1956)

L'invasion des profanateurs de Philip Kaufman (1978)

Body Snatchers d'Abel Ferrara (1993)

Les Ruines de Carter Smith (2008)

Je suis très heureux qu'on ait donné à un film le même titre que l'un de mes romans ("**Ruines**")

Ce film tente de mettre en scène une créature absente du cinéma (à ma connaissance) jusqu'à aujourd'hui. Enfin, depuis La **Chose d'un autre monde** de Christian Nyby (1951).

Les Ruines est adapté d'un roman de Scott B. Smith (publié aux USA) qui en a écrit le scénario. L'introduction est assez flippante, mais ensuite on s'ennuie autour d'une piscine pour touristes. Mais ça ne dure pas longtemps. Enfin... ensuite c'est sur la plage le soir. On est vraiment obligé de nous infliger ce genre de scène ? Non, je ne crois pas. Après c'est à l'hôtel... Bon ils finissent par partir découvrir ces ruines...

Ceci dit, une virée touristique qui tourne au cauchemar c'est assez courant comme histoire. Ils arrivent sur les ruines et une tribu Maya les oblige à monter sur les ruines de la pyramide en tuant un de leur compagnon. Faut toujours regarder où on met les pieds... On imagine déjà que c'est un rituel pour des sacrifices humains, car de nombreux Mayas arrivent et s'installent autour du site.

Nos jeunes héros entendent un téléphone sonner en provenance d'un puits profond. Un des jeunes descend avec une corde qui casse. Une jeune fille descend pour aller à son secours. Elle saute, car la corde est trop courte et elle se blesse. Ça s'enchaîne et plus ça va, plus ça va mal. L'essence même du scénario du film d'horreur. Il y a toujours la niaise qui meurt de trouille et qui accumule les conneries. La niaise en question essaie de demander des secours aux Mayas, elle s'énerve et lance une touffe de plante qui tombe sur un enfant. Les Mayas exécutent l'enfant... Il y a un problème avec la plante alors ? Peut-être... Alors les Mayas veulent tout simplement éviter une contagion ? Après quarante-trois minutes de film, la plante attaque. Enfin ! Et maintenant ça devient intéressant. On discerne le caractère de chacun, les courageux et les froussards. Les niais(e)s ne sont pas toujours ceux qu'on le croit. Le courage et la douleur. C'est ce qui fait qu'un film est bon ou pas... Et l'horreur se développe, suit son chemin, sans pitié.

Pas mal ce film.

P.S. Le gouvernement mexicain a dû être averti du danger en voyant ce film. J'espère qu'ils vont aller mettre une bonne dose de désherbant sur cette plante !

Wanted de Timur Bekmambetov (2008)

Après *Night Watch* et *Day Watch*, le réalisateur Bekmambetov poursuit dans la même veine. On ne s'en plaindra pas !

Un jeune type se prend pour un minable donc il EST un minable. Son père l'a abandonné quand il avait (je ne me souviens plus) 12 heures je crois... Le jeune en question travaille dans un bureau à Manhattan. Il semblerait que son père, lui, n'est pas du tout un minable, mais un genre tueur à gages invincible. On s'en aperçoit dans une scène ultra déjantée, bien plus que dans *Matrix,* mieux que dans *Matrix*. Manque de pot, le tueur n'est pas invincible : il se fait tuer, piégé semble-t-il par on ne sait pas encore qui, mais on sait qu'on va le savoir.

Le jeune homme est cocu : sa (jolie) femme se fait baiser sur la table de la cuisine par son collègue de travail. Il le sait, mais il ne dit rien. Une seule chose le tracasse : comment soigner son angoisse ?

On attend que 13 minutes pour voir Angelina Jolie. La voilà qui accoste le jeune homme (le veinard) et lui dit qu'elle connaît son père qui est mort hier sur le toit d'un building (on le sait aussi, car on l'a vu !)

Puis c'est l'action ! Un montage haché, des plans biscornus, du mouvement hallucinogène (mais non vous ne rêvez pas !), la caméra qui bouge, qui bouge. Des ralentis inopinés, des balles qui ont une trajectoire courbe... Ça c'est du cinéma !!! Ne parlons pas du scénario : complètement incroyable : faut oser et il ose.

Le jeune homme va prendre conscience qu'il a « un lion dans les entrailles »...

L'entraînement du futur tueur est de la même veine que la poursuite. La scène avec la navette du métier à tisser est extraordinaire.

Les cibles du tueur ? Des désordres à éliminer pour assurer la stabilité et elles sont désignées par un métier à tisser appelé "destin". C'est ça la "fraternité", l'organisation dont fait partie désormais notre jeune ami.

Au fait, il s'appelle Wesley Gibson !

À la fin c'est les douze travaux d'Hercule.

Si vous croyez avoir tout vu au cinéma, là vous vous trompez : faut encore aller voir ce film !

La Remplaçante (The Substitute) d'Ole Bornedal (2009)

Dans ce film on annonce la couleur au spectateur dès le début : un extraterrestre arrive sur Terre, prend possession du corps d'une jeune femme. Il vient d'une planète qui ne connaît pas l'amour.

Donc cette jeune femme qui élevait des poulets se présente comme professeur dans un lycée et prépare l'enlèvement des élèves pour les emmener sur sa planète.

C'est grand-guignolesque, mais ça n'atteint pas son but. On n'a pas peur du tout, on ne rigole même pas et on s'ennuie à mourir.

Pourtant on sent bien qu'il ne manque pas grand-chose pour que ce soit une réussite : l'actrice est très bonne, les petits acteurs aussi et c'est bien filmé...

Alors qu'est-ce qui fait qu'on s'ennuie ?

Achetez le DVD et regardez-le pour vous faire votre propre opinion...

Cargo d'Ivan Engler et Ralph Etter (2009)
Ça commence par une fille en blanc qui piétine un champ de blé.

Un long voyage spatial, un passager clandestin.

Mais pourquoi sont-ils allés là-bas ?

Un film inspiré de l'univers de faux-semblants de Dick.

Watchmen de Zack Snyder (2009)
« Le rêve américain: où est-il passé?
  -   Ouvre un peu les yeux, il est là. »

Un "gardien (Rorschach) recherche le meurtrier de l'un des Watchmen, le Comédien.

Un fond politique, une enquête décalée pleine de flash-back… Nixon, la guerre au Vietnam. Le Dr Manhattan est issu d'une expérience de physique quantique ? Il est amené à jouer un rôle dans la guerre froide. Quelqu'un semble vouloir éliminer les Watchmen l'un après l'autre.

« Tout le monde va mourir !!

- Et l'Univers ne se rendra compte de rien. »

On n'a rien sans rien, hein ?

Un superbe film : pas linéaire pour un rond (ah ah ah !)

Il y a des monuments de cinéma dans ce film.

Inception de Christopher Nolan (2010)
Une espèce d'avatar de « Matrix », mais ici ça se passe dans les rêves des gens. C'est assez complexe à suivre, ne vous endormez pas même un instant, car quand vous vous réveillerez, vous ne saurez plus dans quelle tête vous serez !

The Thing de Matthijs Van Heijningen Jr. (2011)
On se souvient que dans *The Thing* de John Carpenter, le film commence par l'arrivée d'un chien poursuivi par un homme en hélicoptère qui vient d'une station polaire norvégienne. Le chien était porteur de la « chose ». Excellent film, et vrai remake de *La Chose d'un autre monde* (1951), car les scientifiques de la sta-

tion polaire découvrent l'extraterrestre congelé, alors que le film de Carpenter commence après, quand les résidents de la station polaire norvégienne ont déjà été complètement exterminés.

Ce film de Van Heijningen Jr. raconte donc ce qui s'est passé dans cette station polaire norvégienne. Il se veut donc une préquelle du film de Carpenter, mais c'en est quasiment un remake puisque le récit est le même. Tous les êtres humains de la station sont vampirisés par la « chose » jusqu'au chien...

À quand la suite du film de Carpenter qui finit par une ambiguïté : le spectateur se demande si l'un des survivants n'est pas contaminé par « la chose » ?

Sucker Punch de Zack Snyder (2011)
Quel superbe film!

"Chacun de nous a un ange, un gardien qui veille sur nous..."

Une petite jeune fille est internée dans un asile d'aliénés, par son beau-père indigne.

En fait, ce n'est pas un asile d'aliénés, mais un bordel !

Ça commence comme un conte de fées, ça se poursuit comme un film de Kung Fu... Jubilatoire !

On sait ce qu'on a, hein ? Mais on ne sait pas ce qu'on aura si on s'évade...

Après le Kung Fu, c'est la guerre de tranchées en 14-18, et d'autres choses encore. Avec des zombies, s'il vous plaît !

« Si vous ne vous dressez pas pour une chose, vous plierez l'échine toute la vie. »

« Ah ! Une dernière chose : travaillez en équipe ! »

« Pour ceux qui se battent, la vie a une saveur que ceux qui se protègent ne goûteront jamais… »

« Vous avez toutes les armes en vous : alors, battez-vous ! »

S'évader pour s'en sortir…

Superbe générique de fin !

Ce film est un chef-d'œuvre !

Looper de Rian Johnson (2012)

Le tueur doit tuer son alter ego qui est envoyé du futur 30 ans plus tard…

Pas mal le système pour s'envoyer des messages en passant par le futur. Les rencontres ne sont pas fortuites, il y a beaucoup de mystères, ça retient l'attention. La réalité ne correspond pas aux apparences. Un film que n'aurait pas renié Philip K. Dick.

Une chose m'a agacé : Bruce Willis qui tue tout le monde sans une égratignure, ça va !

« Il faut croire que nos actes reviennent nous étrangler ! »

J'adore ces histoires de paradoxes temporels ! Surtout quand c'est bien filmé comme ici.

Prometheus de Ridley Scott (2012)

« Je ne sais rien, mais c'est ce que je choisis de croire. »

C'est ce que le père de la petite fille lui a répondu quand elle lui a demandé comment il savait ce qu'il y avait après la mort. Et c'est aussi ce qu'elle a répondu quand on lui a posé la question si elle savait qu'elle foutait en l'air trois siècles de darwinisme.

On voit un extrait du film « Lawrence d'Arabie ».

Donc, des archéologues font le lien entre différentes peintures rupestres qui représentent un géant montrant du doigt une partie du ciel. C'est une « invitation » disent-ils. Une expédition est donc financée par un richissime armateur...

Ils y vont.

Le film est bien construit, il ne s'attarde pas sur les personnages pour mieux se concentrer sur son thème : l'approche scientifique de la vie et de la mort. Et aussi, la punition qui attend ceux qui font cette recherche sans précaution. C'est le thème de l'infection que laisse introduire le robot dans *Alien, le 8ᵉ passager*, et que l'on retrouve ici dans le film. Mais ici, cette introduction se fera par plusieurs méthodes, toujours mises en œuvre par un androïde aux ordres de son créateur. Ce qui vaudra au spectateur une terrible scène d'autoavortement. Ainsi, si la plus forte personnalité de l'équipage du vaisseau reste intraitable face à une tentative visible d'infestation, ce ne sera pas le cas d'une autre tentative, plus pernicieuse. Et à chaque fois c'est le contact avec l'autre, voire même l'amour qu'on lui porte, qui deviendra mortel.

Ce film est très freudien, un personnage n'affirme-t-il pas : « Chacun souhaite la mort de ses parents », et reste très lovecraftien, comme tous les films de la série, avec notamment le monstre de la fin qui n'est pas sans faire penser au grand Chtulhu.

La *Création* est impitoyable !

On découvrira à la fin qui était l'extraterrestre, « *cette créature géante fossilisée au thorax ouvert* » appelée le Space Jokey, qu'on voit dans le film *Alien, le 8ᵉ passager*.

C'est un excellent film.

Total Recall mémoires programmées de Len Wiseman (2012)

Nouvelle adaptation d'une nouvelle de Philip K. Dick.

La première était de Paul Verhoeven (1990) avec Schwarzenegger...

Métro, dodo, boulot... Aïe faut changer ça ! Ya que Rekall pour vous faire de beaux souvenirs... et puis il y a ces cauchemars...Ambiance *Blade Runner*, super technologie, concentrations urbaines surpeuplées...

Avec ses histoires de réel pas réel, Dick rendait l'invraisemblable vraisemblable. Ça c'est bien rendu dans le film. Son côté « lutte des classes » est bien rendu aussi. Mais les lieux ne sont pas suffisamment précisés... La nouvelle de Dick faisait se dérouler l'action sur Mars qui était une colonie... cet aspect « politique » de Dick a été gommé ici pour faire place à l'action complètement invraisemblable...

Kate Beckinsale est superbe en femme d'action. Jessica Biel aussi.

Mais l'action, les poursuites, les combats sont trop invraisemblables.

On est lassé par toutes ces bagarres inouïes, ces sauts dans le vide... Une espèce d'*Underworld 5* !

« Le passé est une construction de l'esprit » entend-on...

Lassant...

MIB (Men in Black) 3 de Barry Sonnenfeld (2012)

Sonnenfeld revient avec ses histoires délirantes d'Aliens tirées du comics américain.

« J » retourne dans le passé pour rejoindre « K » qui y est déjà allé... Scénario insipide.

Mais la fin est superbe !

Contradictoire, hein ?

Variation sur les voyages dans le temps...

Tout ce qui était nouveau, surprenant, attachant, séduisant, dans le premier MIB, n'est devenu ici qu'anecdotique.

Oblivion de Joseph Kosinski (2013)

La solitude... Le héros a un superbe boulot : seul sur la Terre dévastée à gérer les problèmes, en danger constamment donc, avec l'aide d'une jolie fille là-haut dans le ciel qui surveille ses arrières. Le pied ! Et la mémoire oblitérée...

La Terre a été dévastée par une guerre contre une invasion d'extraterrestres : les Rapaces.

Soudain, fini la solitude : une rencontre !

La Vérité ? Elle finira toujours par sortir du puits.

« Un autre jour au paradis » Déclame chaque matin la fille qui veille sur lui...

Une belle histoire d'amour, un beau scénario futuriste... un bon film.

The Last Days on Mars de Ruari Robinson (2013)

Une expédition sur Mars. Elle dure depuis six mois. L'équipe d'exploration est sur le point de repartir. Il reste un peu plus de 19 heures avant le départ.

C'est à ce moment qu'ils détectent "une anomalie microscopique".

"Une division cellulaire !" Le type qui fait la découverte meurt accidentellement.

Autres citations :

"C'est bizarre, je sens un truc à l'intérieur." Se plaint un blessé infecté.

"Vous ne rentrerez jamais ! Affirme-t-il.

"Piégé dans son propre corps, complètement impuissant !

- Ça a tout l'air d'un cauchemar."

Ce film est intéressant. Bien sûr quand on le regarde on se dit : tout cela je l'ai déjà vu dans d'autres films.

Effectivement, c'est un hommage à tous ces films qui ont traité ce sujet, très lovecraftien :

"La Chose d'un autre monde" de Christian Nyby (1951). Un extraterrestre retrouvé congelé près d'une base polaire reprend vie et sème la terreur. Ce film est tiré d'une nouvelle de John W. Campbell. Et devinez comment s'appelle le héros de notre film "The Last Days on Mars" ? Campbell justement ! N'est-ce pas là un signe d'hommage ?

"Le Monstre" de Val Guest (1955) : un cosmonaute revient de l'espace seul rescapé. Il a été "infecté" là-haut et se transforme petit à petit en monstre...

Puis il y a eu les deux remakes de "La Chose d'un autre monde" :

"The Thing" de John Carpenter (1982)

"The Thing" de MatthijsVan Heijningen (2011), montre ce qui s'est passé avant l'histoire racontée par le film de Carpenter.

Le thème de l'infection par une entité monstrueuse est bien traité en long en large par la série des quatre "Aliens" (1979 avec Ridley Scott, 1986 avec James Cameron, 1992 avec David Fincher et 1997 avec Jean-Pierre Jeunet), on attend d'ailleurs avec impatience l'opus numéro 5 ! Sigourney Weaver nous l'a promis.

Et donc à l'origine de cette série, on trouve le film de Mario Bava "La Planète des vampires" (1965) qui ressemble le plus à celui qui est chroniqué ici…

Donc, bien sûr, c'est beaucoup du déjà vu dans ce "The Last Days on Mars", mais il tient la route…

The Machine de Caradoy W. James (2013)

Le but ? Réparer les êtres humains abîmés ? Pas vraiment…

Réaliser des prothèses pour les réparer, oui, mais ce ne sont que des expérimentations pour réaliser un robot, identique en tous points à un être humain, mais surdoué physiquement et mentalement.

Du coup, la question est posée : peut-on remplacer un être humain disparu par ce genre de "machine" ?

Pas complètement, mais un peu…

Histoire éculée, donc. Et puis, il ne faut pas jouer avec le feu. Vous ne le saviez pas hein ?

L'intrigue est un peu plus compliquée que cela, car chacun poursuit son but qui n'est pas le même et parfois contradictoire avec celui ou ceux d'autres personnes.

Une scène évoque celle du film "2001, l'odyssée de l'espace" quand l'astronaute débranche l'ordinateur de bord.

Tout cela finit en apothéose guerrière.

Spectral de Nic Matthieu (2016)
Film Netflix

Un chercheur découvre un rayon micro-ondes qui pourrait servir d'arme. Dans l'est de l'Europe en pleine guerre, on a vu... des choses.

Le chercheur est envoyé là-bas pour enquêter. En Moldavie.

« Ce truc que votre caméra a filmé, ça, c'est une autre affaire. »

Le scientifique a créé une caméra frontale pour les combats. Or, en prologue, on avait vu qu'un soldat voyait quelque chose ressemblant à des êtres lumineux, seulement visibles avec la caméra du chercheur. « Des anomalies spectrales ? »

« Vous savez que je suis croyant. Ça, c'est le contraire de Dieu ! »

Un commando est envoyé sur place pour examiner la chose. Le combat est dur. Il y a de nombreux morts. Les entités sont invincibles.

« Ce truc a buté 19 de nos hommes et on ne sait pas ce que c'est !

- C'est humain : il m'a fixé dans les yeux... »

Les survivants se réfugient au sommet d'un immeuble en ruines.

Il y a désormais de nombreuses « anomalies spectrales », appelées Aratares par les autochtones.

Ces entités sont « des fantômes coincés entre la vie et la mort ». Les militaires, eux, les appellent les hyper spectres.

Grâce au scientifique, ils bidouillent des moyens de les voir et de les tuer.

« Vous ne pouvez pas leur échapper ! On ne sait même pas ce qu'ils sont. »

Le scientifique a une explication : ces Aratares sont des condensats de Bose-Einstein... Ce truc existe vraiment ! Une explication qui rend ce phénomène plausible.

Très beau film de guerre et de SF avec d'excellents effets spéciaux.

Alien : Covenant de Ridley Scott (2016)

Un vaisseau transporte une « cargaison » de colons en route vers une planète à coloniser. Il rencontre un « vent solaire » qui endommage ses « voiles de recharge ». L'équipage est réveillé par le robot qui conduit le vaisseau. Pendant la réparation, un message provient d'une planète proche qui semble habitable. Doivent-ils y aller pour éviter de retourner en sommeil artificiel ?

Ils arrivent donc sur une planète inconnue sans prendre la moindre précaution sanitaire ! Même pas un masque à poussière...

L'infection par les spores produit un alien dans le corps à une vitesse record.

Ils retrouvent des traces du Prometheus... Puis ils rencontrent David, le rescapé du Prometheus.

Une fois de plus, c'est le « synthétique » qui est à l'origine de tout. Et à la fin, ce sont les méchants qui gagnent. Le scénariste devait faire une dépression...

Arrival (Premier Contact) de Denis Ville- neuve (2016)

Le décès d'un enfant. Une invasion extrater- restre.

Douze OVNIs atterrissent sur Terre, en plu- sieurs endroits. Une spécialiste de la traduc- tion des langues est sollicitée pour prendre contact avec eux.

Superbe film avec mouvements de caméra, plans fixes, tout un langage cinématogra- phique qui parle au spectateur.

La délégation des autorités terriennes pénètre dans l'OVNI qui est un énorme œuf de métal. Il flotte et se tient stable à deux mètres du sol.

Ce film est donc consacré à la communication entre deux espèces totalement différentes.

On nous fait un passionnant cours de linguis- tique. Comment appeler les deux extrater- restres ? Pourquoi pas Abott et Costello ?

La deuxième partie du film est consacrée à l'impact de l'arrivée des aliens sur la société, la politique... Quel rôle va jouer le deuil ?

Les pays « ennemis » travaillent aussi avec leurs extraterrestres. Et ils n'ont pas les mêmes méthodes.

Les problèmes entre les humains interfèrent et les aliens savent-ils les utiliser ?

Certains pays (Chine, Pakistan, Russie) déclarent la guerre aux Aliens.

Ces derniers ont-ils compris que l'humanité n'était pas Une ?

L'interprète arrive à lire l'heptapode… Grâce à HANNAH qui s'écrit de la même manière dans les deux sens.

Il y a une histoire d'amour aussi.

Les heptapodes sont très lovecraftiens…

Virtual Revolution de Guy-Roger Duvert (2017)

Ça commence par un combat à l'épée moyenâgeux en forêt. Or, un des protagonistes consulte ses emails sur un écran virtuel ! On n'est donc pas dans notre réalité, mais dans une réalité genre jeu vidéo ! Dans le film ils appellent ça les « verses ». Dans celui-là c'est comme dans Game of Thrones.

« Il est difficile de faire la distinction entre le réel et le virtuel », déclare un personnage. 75 % de la population est constamment coupée du réel. Il n'y a plus personne dans les rues.

De ce monde virtuel, on passe à un paysage urbain comme dans le film *Blade Runner* de Ridley Scott. Il pleut tout le temps.

La représentante de la multinationale Synternis explique à Nash Trenton, tueur à gages, que les Nécromanciens, un groupe qui lutte contre la cyberconnection des citoyens a tué 148 Connectés. Elle lui donne la mission de faire cesser ces meurtres.

Nash tue un Connecté et prend immédiate-
ment sa place et se retrouve donc dans un
monde virtuel dans la peau d'un personnage :
une femme. Elle progresse dans un milieu hostile de ruines et combat pour sa survie.

Interpol s'en mêle : l'État ne peut pas laisser
tuer des Connectés !

On revient au monde virtuel de Game of
Thrones où on apprend que le héros est en fait
Nash, et il est amoureux d'une fille.

Dans cette société du futur, il y a un revenu
universel. La représentante de Synternis explique à Nash : « Les montants de ce revenu
sont faibles, juste de quoi payer un loyer, de
la nourriture et les connections. Souve-
nez-vous : avant les gouvernements payaient
beaucoup plus pour les chômeurs, pour la sécurité sociale, pour les retraites. Maintenant ils
doivent payer beaucoup moins et beaucoup
moins longtemps. L'espérance de vie d'un
connecté dépasse rarement les 40 ans. »

Les Nécromancies disent à Nash que c'est
Synternis qui a tué la femme qu'il aimait, He-
lena. Ce groupe révolutionnaire veut libérer
les Connectés. Ils avaient pensé tuer un
maximum de gens connectés pour qu'ils aient
peur de se reconnecter. Désormais ils veulent
utiliser Nash et ses rapports avec Synternis
pour installer un virus dans le système de
connexion.

« Tout le monde veut être libre ?
-    Vous en êtes sûre ? »

112

Un très beau film. De la SF qui fait réfléchir tout en passant un moment très agréable devant des scènes d'action parfois époustouflantes, des tableaux extraordinaires, des visuels fantastiques.

Ghost in the Shell de Rupert Sanders (2017)
Implanter un cerveau humain dans un corps artificiel. Une ville à la Blade Runner et une compagnie, la Hanka Robotic.
Mira est la cyborg. C'est au fond la même histoire que dans Blade Runner, les cyborgs ayant remplacé les répliquants.
Le méchant est mal habillé, a l'air minable et parle pour ne rien dire. C'est un type qu'ils ont raté ! Et qui fait des révélations à Mira « Major ».
Elle découvrira d'où elle vient et qui elle est, grâce à son… « fantôme » !
Pas terrible…

Blade Runner 2049 de Denis Villeneuve (2017)
L'image est sombre, le rythme est long et on s'ennuie jusqu'à la vingtième minute.
Les restes d'une femme décédée en 2019 sont dans un coffre sous terre sur la propriété du réplicant tué par l'agent spécial K. Ces restes sont ceux d'une réplicante enceinte ! Ce qui semble impossible : les réplicants ne se reproduisent pas. « Ce que vous avez vu ne s'est en aucun cas produit, » déclare le chef de K…

« Mon travail est de maintenir l'ordre ! » Ajoute-t-il. Les réplicants ont-ils une âme ? Mais K mène quand même l'enquête.

Le film nous offre des décors épurés, des personnages rares et bavards.

La scène du détective qui interroge un vieux retraité dans une maison de retraite est assez éculée.

Les réplicants ne doivent pas se reproduire !

Après quarante-cinq minutes, je m'ennuie toujours...

K (Sapper Morton) part à la recherche de Rick Deckard, le Blade Runner du premier film. Joué par Harrison Ford...

Peut-être qu'avec le temps ce film deviendra un chef-d'œuvre, mais là, non...

Le cheval de bois noir, le petit jouet constituent-ils le lien ?

« Tu es né, pas fabriqué, puis soigneusement caché, » lui dit Joi, la femme numérique.

Le réalisateur utilise beaucoup de décors réels, peu d'effets spéciaux.

Après 1 H 28 minutes 46 secondes de film, voici Harrison Ford/ Rick Deckard !

La séance de coups de poing est caricaturale.

« Mourir pour la bonne cause, c'est la chose la plus humaine qu'on puisse faire ! »

« Amour ou précision mathématique... »

Un film trop langoureux, scénario faiblard, plans où ne voit rien...

Peut-être que, parce que je suis déçu, je suis injuste ?

Ce n'est pas un mauvais film. Surprenant, c'est tout.

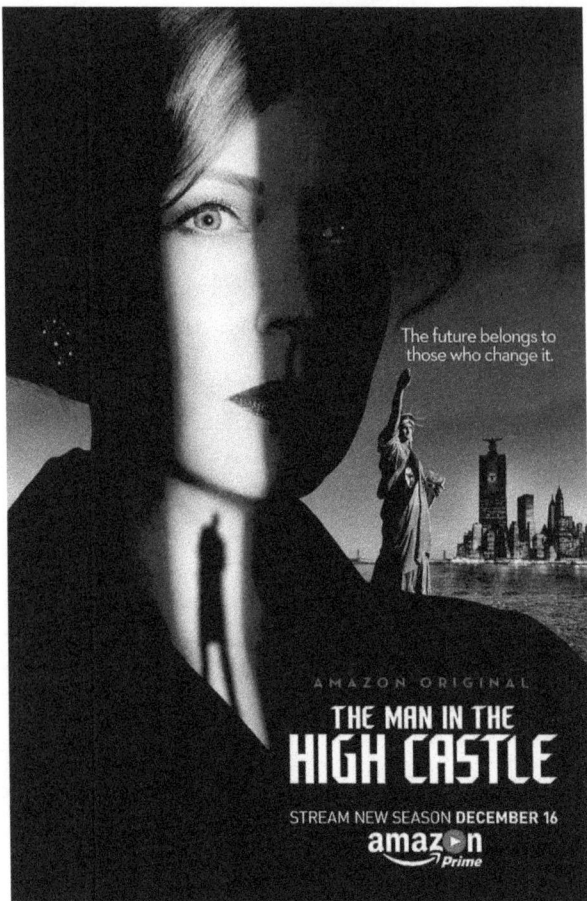

The future belongs to those who change it.

AMAZON ORIGINAL

THE MAN IN THE HIGH CASTLE

STREAM NEW SEASON **DECEMBER 16**

amaz▶n
Prime

Séries télé

Aux Frontières du réel - X-Files

Série télévisée américaine en couleurs de Chris Carter. 1993 – 1997. 9 saisons ! Les aventures de Fox Mulder et Dana Scully, agents du FBI, en lutte contre les services secrets du gouvernement et les extraterrestres, enquêteurs des phénomènes paranormaux aux États-Unis. Cette série passionnante a plusieurs originalités. D'abord, les deux héros sont des deux sexes. Celui qui croit aux extraterrestres est l'homme, Fox, et celle qui n'y croit pas est la femme, Dana. De nombreuses scènes les montrent en pleine discussion passionnée sur ce sujet, Dana restant intraitable, mais très fidèle. Le téléspectateur sait, lui... Ensuite, la plus qualifiée est la femme, Dana. C'est elle que l'on voit souvent en train de pratiquer une autopsie, scènes qui lui donne une aura de femme de haute formation, d'abord, mais surtout, d'une femme qui n'a peur de rien ! Elle est même enlevée par les extraterrestres, ce qui nous donne un épisode avec Mulder seul, *Les Vampires*. Ce scénario a été rendu obligatoire par le gros ventre de l'actrice qui était enceinte et qui a accouché le temps que Mulder enquête sur les vampires. Ce gros ventre a d'ailleurs servi pour une scène terrifiante d'expérience des extraterrestres sur Scully. Plusieurs scénarios sont directement inspirés de films célèbres. Hommage ou pillage ? Il en est ainsi, par exemple, de *Projet arctique* qui reprend les thèmes de *The Thing* (1982) remake de John Carpenter, jusqu'au chien qui transporte la créature monstrueuse et tueuse. Dans *Faux frères siamois*, le scénariste Darin Morgan rend hommage au chef-d'œuvre de Tod Browning *Freaks – la monstrueuse parade* (1932), mais aussi aux films de David Cronenberg. L'histoire de *Métamorphose* ressemble beaucoup au film *Wolfen* (1980) de Michael Wadleigh qui montre les Indiens qui se transforment en loups-garous ; *L'incendiaire* reprend la même idée que *Spontaneous combustion* (1990) de Tobe Hooper ; *Eve* qui raconte l'histoire de petites filles mutantes et meurtrières rappelle *Chromosome 3* (1979) de David Cronenberg... La série s'inspire également de problèmes d'actualité, comme celui de la maladie de Creutzfeld Jacob liée à l'alimentation des animaux de boucherie dans *Le Musée rouge*. D'autre part, les épisodes puisent dans le vaste chaudron des thèmes du fantastique : vampires, monstres, mutants, assassins, possession, hantises, vaudou, pouvoirs paranormaux, et, surtout, extraterrestres malveillants qui enlèvent des êtres humains pour en faire des objets d'expériences, avec, semble-t-il parfois, la complicité du gouvernement, ce qui ne facilite pas la tâche de nos deux agents fédéraux. Deux films ont été réalisés par Chris

Carter : *X-Files, le film* (1997) et un autre :
X-Files regenerations (2008)
Une dixième et une onzième saison ont été
réalisées et diffusées en 2017 et 2018.

Dark Skies : l'impossible vérité de Bryce
Zabel et Brent Frieman (1996) s'appuie sur le
succès de X-Files pour développer une idée
pas si inintéressante que cela. Cette série ex-
plore les événements historiques et leur donne
une explication parfois stupéfiante à la lumière
de l'existence d'extraterrestres qui
s'introduisent dans le corps des humains (et
d'autres extraterrestres d'ailleurs) pour les
dominer à l'image des *Marionnettes humaines*
(1951) du roman de Robert Heinlein. Cette
série a été interrompue faute de spectateurs
aux États-Unis. Le pilote a été réalisé par Tobe
Hooper[13] qui n'est donc pas veinard, surtout
après l'échec de la série *L'homme de nulle
part*. Même les « *gris* », comme celui de Ros-
well en 1947, sont infestés par les « *gan-
glions* » de la « *ruche* ».

Fringe (2008) de J.J. Abrams, Alex Kurtzman,
Roberto Orci.
5 saisons 90 épisodes
Cette série se prend des airs de X-files au début, mais assez rapidement elle montre une
réelle originalité. Mine de rien, elle est très

---

[13] Le chanceux réalisateur de « Massacre à la tronçonneuse »
(1974)

influencée par l'œuvre de Lovecraft, notamment les mondes parallèles, les doubles identités, les transformations corporelles et mentales. Ouvrir la porte entre les deux mondes c'est très dangereux ! D'ailleurs celui qui l'a fait est maudit à jamais. Il y a aussi, la folie, l'asile de fous, les laboratoires mystérieux, les livres maudits, les phénomènes incroyables. Et puis une petite ambiance gothique...

Les inscriptions qui indiquent les noms de lieu sont composées de lettres en 3D suspendues dans l'espace.

L'action se déroule à Boston, à quelques encablures de Providence, la ville natale de Lovecraft.

L'épisode N°10 de la deuxième saison envoie carrément la couleur !

Un patient de l'asile où Joseph Slater a été clandestinement opéré du cerveau s'appelle... Stuart Gordon ! Quelques secondes plus tard, un plan indique que nous arrivons au « Dunwich Mental Hospital ».

Cet épisode montre cette éternelle quête de la porte pour passer d'un monde à l'autre.

Le Maître du Haut Château de Eric Overmyer (2015)
Cette adaptation du roman de Dick a été produite par Prime Video la chaîne télé/ciné d'Amazon.

Les Américains ont perdu la Seconde Guerre mondiale et l'Amérique est désormais partagée entre l'*Empire du Japon* et *l'Allemagne Nazi*. En 1962, un groupe de résistants cherche à envoyer de précieux vieux films dans la zone neutre, mais les transporter coûte la vie de beaucoup de monde. Après près de deux décennies de cohabitation entre les deux grandes puissances, les rumeurs persistantes rapportant la santé déclinante du Führer laissent présager l'arrivée d'une période de troubles...

Certains appellent ça une uchronie. Un genre qui demande un certain talent dont Dick, n'est pas privé bien sûr. Mais cette histoire ne m'a jamais emballé. Désolé. Cette recherche du « maître du Haut-Château » se résume donc à un film (une série) sur la résistance contre le nazisme et le fascisme japonais qui se partagent les USA : les Japonais, côte ouest, les nazis, côte est...

L'histoire évoque notamment, par un effet de mise en abyme (ou de roman dans le roman), l'ouvrage de Hawthorne Abendsen, un écrivain qui a imaginé les conséquences d'une victoire des Alliés pendant la guerre. Le titre choisi par Dick pour son roman fait référence à une « maison isolée, une véritable forteresse », où vivrait Abendsen.

Le roman de Dick avait obtenu le prix Hugo en 1963, un an après sa publication.

Supernatural de de Sera Gamble et Jeremy Carver (2005)

J'ai consacré un ouvrage à cette superbe série dans laquelle on trouve inévitablement du dick, camouflé certes, mais du Duck quand même...

Je renvoie le lecteur à mon ouvrage :

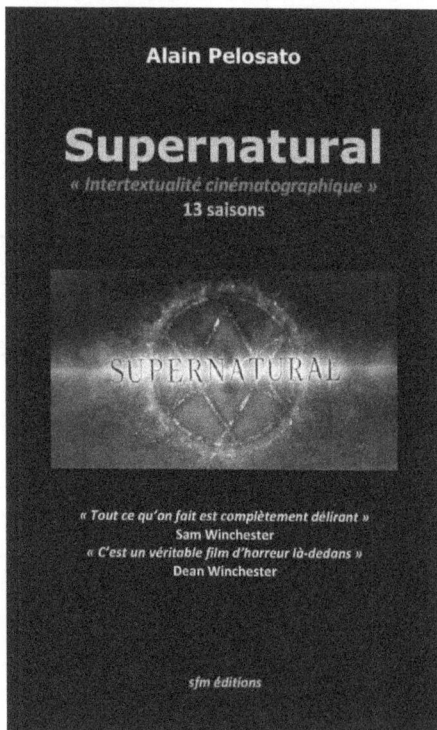

Alain Pelosato

Supernatural

« *Intertextualité cinématographique* »
13 saisons

SUPERNATURAL

« *Tout ce qu'on fait est complètement délirant* »
Sam Winchester
« *C'est un véritable film d'horreur là-dedans* »
Dean Winchester

sfm éditions

http://www.sfmag.net/sfm/Supernatural.htm

La Quatrième dimension. Série culte américaine des années 1959 à 1964 créée par Rod Serling. 151 épisodes. Noir et blanc. L'écrivain de science-fiction Richard Matheson (*Journal* *d'un monstre*, *L'homme qui rétrécit*, *Je suis une légende*...) a écrit les scénarios de plusieurs épisodes. Des histoires qui faisaient frémir à l'époque et qui, pour beaucoup d'entre elles n'ont pas vieilli. Je me souviens de *L'auto-stoppeur*, histoire affreuse d'une hantise par un auto-stoppeur à laquelle Michael Gornick a rendu hommage dans le *Creepshow 2* (1987). Les thèmes sont une espèce de miroir de notre société et de nos peurs révélées grâce à un humour grinçant comme dans *Les Envahisseurs* dans lequel une pauvre fermière lutte à mort contre de petits astronautes qu'elle prend pour des envahisseurs et qui s'avéreront être une expédition américaine revenue sur terre en petite dimension. Cette série n'a jamais été égalée.

« Nous sommes transportés dans une autre dimension, une dimension faite non seulement de paysages et de sons, mais surtout... d'esprits. Un voyage dans une contrée sans fin dont les frontières sont... notre imagination. Un voyage au bout des ténèbres où il n'y a qu'une destination : la Quatrième dimension. »

Index

126